JN083272

犀の角のようにただ独り歩め

——「スッタニパータ」

アスリートのメンタルは強いのか？

晶文社

装丁　佐藤直樹＋菊地昌隆（アジール）

アスリートのメンタルは強いのか？　目次

第3部 アスリートのメンタル――最新の話題

アスリートのメンタルは強いのか？

序章　アスリートのメンタルを考える

荒井弘和
法政大学

1　アスリートのメンタルは強いのか？

「アスリートのメンタルは強いのか？」という本書のタイトル、皆さんはどのように考えますか？

私は、「必ずしも強いとはいえない」と考えています。

私は、スポーツ心理学という領域で仕事をしています。この領域で活動を始めて、20数年になり、現在では、大学でスポーツ心理学の教育や研究を行ったり、多くのアスリートやコーチのメンタルサポートを行ったりしています。

そんな私も、駆け出しの頃は、アスリートのメンタル（心理面）は強いに違いないと考えていました。アスリートは多くの苦境に打ち克ち、試合という大舞台を経験するからです。そして、私だけでなく多くの方々も、アスリートのメンタルは強いと考えていると思います。しかし、それは本当なのでしょうか。これから本書では、アスリートのメンタルに様々な角度から

表１　スポーツメンタルトレーニング指導士（日本スポーツ心理学会認定）の主な活動内容（日本スポーツ心理学会、2014）

a	メンタルトレーニングに関する指導助言：メンタルトレーニングに関する知識の指導・普及、メンタルトレーニングプログラムの作成や実施、メンタルトレーニングに対する動機づけ等
b	スポーツ技術の練習方法についての心理的な指導助言：練習・指導法：作戦等
c	コーチングの心理的な側面についての指導助言：リーダーシップとグループダイナミクス、スランプへの対処、燃え尽きや傷害の予防と復帰への援助等（ただし精神障害や摂食障害等の精神病理学的な問題は除く）
d	心理的コンディショニングに関する指導助言
e	競技に直接関係する心理検査の実施と診断：競技動機、競技不安、心理的競技能力等（一般的な性格診断は行わない）
f	選手の現役引退に関する指導助言
g	その他の競技力向上のための心理サポート全般

切り込み、「アスリートのメンタルは強いのか？」というテーマを、柔らかく揉みほぐしながら考えてゆきたいと思います。

私は、アスリートやコーチのメンタルサポートを行っていると書きました。一般的にはあまり知られていないメンタルサポートとは、どのような仕事なのでしょうか。メンタルサポートを実践する専門家が有する代表的な資格として、日本スポーツ心理学会が認定する「スポーツメンタルトレーニング指導士」（ＳＭＴ指導士）があります。ＳＭＴ指導士の活動内容は、「スポーツ心理学の立場から、スポーツ選手や指導者を対象に、競技力向上のための心理的スキルを中心にした指導や相談を行う。狭い意味でのメンタルトレーニングの指導助言に限定しない。ただし、精神障害に対する治療行為は含めない。」とされています（表1）。SMT指導士がサポートを行う対象者は、ほとんどの場合アスリートですが、コーチをはじめとしたアスリートの関係者（後述しますが、アスリート・アントラージュと呼びます）のサポートを行うこともあります。2020年4月現在、およそ200名弱のSMT指導士が、日本各地で、トップからすそ野までのアスリートやコーチのメンタルサポートを行っています。

2 ポジティブシンキングは絶対か？

アスリートのメンタルについて考える手始めに、メンタルサポートにおいて、アスリートからよく質問される「心構え」について考えてみましょう。

スポーツの現場では、コーチによって、ポジティブシンキング（積極的思考法）が推奨されることがあります。ポジティブシンキングを一言でいえば、前向きな思考ということになるでしょうか。たしかに、ポジティブシンキングがフィットするアスリートも多いと思います。しかし、「誰もがポジティブシンキングでなければならない」「とにかくポジティブに考えさえすればよい」「絶対にネガティブに考えてはいけない」というのは誤りといわれています。とくに、わが国のアスリートを対象とした研究では（有富・外山、2017）、あらゆるアスリートにおいてポジティブシンキングが万能ということはないと示されています。不安な気持ちになっているのに、それを押し殺そうとして、無理矢理ポジティブになろうとすることは、機能的とはいえません。

それでは、ポジティブシンキングではない思考法には、どのようなものがあるのでしょうか。その代表例として、最悪の結果を予想して課題に対して不安な気持ちになるものの、その不安をモチベーションに変えて目標達成につなげるという「防衛的悲観主義」(Norem & Cantor, 1986)という思考法があります。外山(2019)の解説を参照すると、「あんなことが起きるかもしれない、こんなことも起きるかもしれない」と、予想される最悪の事態を鮮明に想い浮かべることによって、対策を練り、用意周到に準備することで、「何が起きても大丈夫」と思え、積極的な態度で本番を迎えることができるのです。ポジティブシンキングと対比させて表現するならば、物事を悪い方に考えることで成功する思考法、もしくは、ネガティブシンキングの価値を活かす方法といえます。ノレム(2002)の言葉を援用すれば、防衛的悲観主義のアスリートは、「ネガティブでありながらうまくやっている」というよりも、「ネガティブだからこそうまくやっている」のです。もちろん、「失敗が怖いからやらないでおこう」と挑戦を恐れたり(回避タイプ)、「全力でやって失敗するのが怖いから、全力でやらずに手を抜こう」と自己防衛したり(言い訳タイプ)といった対処をすることは勧められません(ノレム、2002)。

防衛的悲観主義のほかには、PTG(Post Traumatic Growth: 心的外傷後成長)という考え方もあります。PTGとは、大変つらい出来事や危機的な状況に直面した人が、様々なストレスを経験しつつ、それと向き合い、心のもがきを経験し、人間として成長する現象です（Tedeschi et al., 2017; 訳は宅、2019）。PTGのきっかけとなるのは、自分がこれまで信じてきた価値観や信念を大きく揺さぶり、打ち砕くような出来事といわれます（宅、2016）。敗戦、ケガ、メンバー落ちなどのネガティブ体験がきっかけとなり、大きく飛躍したアスリートを私たちは知っています。宅（2019）の言葉を借りれば、ネガティブ体験をあとで振り返ったとき、「あれをきっかけに自分は成長した」という変化が自覚されることがあるのです。逆境に直面しているアスリートにとって、PTGという考え方は大きな支えになることでしょう。

防衛的悲観主義やPTGは、アスリートのメンタルの強さとは何なのか、私たちに教えてくれます。強さ＝強気やポジティブではないのです。本当の意味での強さとは、鋼のような強さではなく、何があっても決してあきらめない、しなやかで柔軟な強さなのだと、トップのアスリートたちが教えてくれているように感じています。アスリートの中には、メンタルサポートを積極的に活用する人たちがいる一方で、メンタルサポートを活用しようと考えながら二の足を踏む人たちがいます。私はあるアスリートから「メンタルサポートを受けると、自分のメンタルが弱いことを認めたことになるような気がして、受けるのを躊躇した」という話を聞いたことがあります。メンタルが強い・弱いだなんて、単純化して語れるものではありません。もちろん、サポートを受けるのはメンタルが弱い人ということもありません。実際、私がメンタルサポートを行う中で、よりトップのアスリートの方が、メンタルサポートを積極的に活用しているように感じています。弱さも含めて、等身大の自分を認められる人が、本当に強い人なのではないでしょうか。

3　アスリートのメンタルを理解する切り口

アスリートのメンタルサポートの主な目的は競技力向上です。しかし、競技力向上だけがスポーツ現場で求められているわけではありません。近年では、競技力向上を主目的としないサポートが求められるようになってきました。具体的には、アスリートを全人的に、多角的に支えようとするサポートです（荒井、2020）。以下では、そのサポートを紹介することで、現代のアスリートのメンタルに迫ります。

デュアルキャリア

人生において、アスリートとして活動するのはわずかな期間です。そこで、アスリートの引退後のキャリア（セカンドキャリア）が注目されてきました。最近では、セカンドキャリアだけでなく、アスリートである期間における競技以外の生活（勉強、仕事、家庭など）が注目されるようになっています。この考え方をデュアルキャリアと呼びます。デュアルキャリアとは「長い人生の一部である競技生活の始まりから終わりまでを、学業や仕事、その他人生それぞれの段階で占める重要な出来事やそれに伴う欲求とうまく組み合わせていくこと」(Education and Training in Sport, 2012; 訳は和久、2016) と定義されています。デュアルキャリアを日本語に置き換えれば、文武両道あるいは文武不岐（文武は分かれておらず重なり合っているべきものという考え方：福島、1978）という言葉になります。

アスリートのメンタルを考えるうえでも、デュアルキャリアは大切です。競技だけに集中したいと思っても、競技以外の生活がうまく行っていなければ、それらが競技生活に入り込んでくるからです。文武両道や文武不岐という言葉があることからもわかるように、わが国では、デュアルキャリアを大切にする風土が根づいています。しかし残念ながら、わが国のアスリートにおいて、デュアルキャリアが十分に実現されているとはいえません。そこで、デュアルキャリアのサポートへのニーズが高まっています。スポーツ庁委託事業「スポーツキャリアサポート推進戦略」では、日本スポーツ振興センターが「アスリートキャリアアドバイザー」の育成を開始しています。

アントラージュとのコミュニケーション

アスリートは様々な関係者に取り囲まれて生活しています。最近では、アスリートの関係者をアスリート・アントラージュと呼びます。アントラージュとの関係性は、アスリートのパフォーマンスやメンタルヘルスに影響を与えます。

ジュニア期のアスリートを例に、アントラージュとの関係性を考えてみましょう。栗林ほか（2018）は、中学生アスリートは、一般的な中学生よりも、不安症状が高い可能性を示しています。高い不安症状を示しやすい子どもは、ルールを守り、問題行動も少なく、仲間に積極的に働きかける社会的なスキルを平均的に持っているという知見（石川・坂野、2005）を紹介したうえで、一見トラブルなく部活動に取り組んでいる中学生の中には、高い不安があることに気づかれず、問題を抱えていながら部活動を続けている選手がいるかもしれないと指摘しています。このことから、ジュニア期のアスリートには、家族や教師など、スポーツとは直接関連しないアントラージュの存在が重要と理解できます。

また最近では、才能豊かな思春期のアスリートが、早い段階からトップアスリートとして育成されることも増えています。中学1年から高校3年までを対象とした日本オリンピック委員会（ＪＯＣ）エリートアカデミー事業は、その最たるものといえるでしょう。江田ほか（2017）や江田（2019）によると、思春期トップアスリートは、思春期に至る前の時期も含めて競技に専心していることが多いため、自由な遊びの時間が少なく、競技と関連のない友人関係を築く機会が少ないようです。競技に関連する仲間関係は、仲間であると共にライバルであることも多く、遊びの中で自発的に構成された仲間関係とは異質で、一般的な思春期における仲間関係とは異なります。また、勝利至上主義に基づくトップスポーツの現場では自己表現を見守ってくれる大人が少なく、自己を形成する作業を行うことが難しいと考えられています（江田、2014）。このことから、アスリートには友人や様々な大人の存在が大切とわかります。

つづいて、アスリートにとって重要なアントラージュとして、チームメイトとメンターを挙げ、両者とアスリートとのコミュニケーションについて考えます。

(1) チームメイトとのコミュニケーション

アスリートにとって最も身近なアントラージュは、チームメイトだと思います。チームメイトはアスリートを支えてくれる存在であると同時に、アスリートに様々な影響を与えているようです。ここでは、ケガをしたアスリートについて考えてみましょう。

スポーツにケガはつきもので、ケガすることなく競技人生を終えるアスリートはほとんどいません。ケガをしたアスリートは、様々な心理的ストレスを抱えます。そのストレスの中には、チームメイトからのプレッシャーも含まれます。さらに、ケガをしたアスリートは、チーム練習に参加できないことがあり、別メニューで練習することが増えます。すると、ケガをしたアスリートは、チームメイトとさらに顔を合わせる機会が少なくなり、ますますチームメイトに会いにくいと感じてしまう…こんなことがあるようです。そして、コミュニケーションギャップが生じ、お互いを理解しにくくなってしまいます。たとえば、チームメイトから「もう痛くないのに、ケガを理由に練習をサボってるんだろう」と思われているのではないか…こんなふうに考えるアスリートもいるようです（鈴木・荒井、2017）。しかし、ケガをしたアスリートに対する認知に関する調査（鈴木ほか、2019）の結果を元に考えると、「もう痛くないのに、ケガを理由に練習をサボってるんだろう」と考えるチームメイトは多くはなく、ほとんどのチームメイトは、「ケガのことが心配だ」「しっかり治療してほしい」「また一緒に練習したい」など、支持的な考えを持っているようです。このように、集団の多くのメンバーが集団の規範を受け入れていないにもかかわらず、自らはほかのほとんどのメンバーがその規範を受け入れていると信じている状況を「多元的無知」（神、2009）と呼びます。こういった状況を回避するためには、様々なアントラージュが、アスリートをフォローしたり、アスリートとチームメイトとの関係性を改善したりすることが欠かせません。

(2) メンターとのコミュニケーション

いつも一緒にいるわけではないけれども、すこし離れたところからアスリートを見守っている…そんな存在がいてくれたら、アスリートはこころづよく思うでしょう。こういう立ち位置にいるアントラージュとして、メンターが注目されています。メンターとは、ある者が一人の人間として成長するために、大きく貢献してくれる人のことを言います（児玉・深田、2010）。支援をする側であるメンターが、支援を受ける側（メンティーやプロテジェと呼ばれます）に対して行う支援を「メンタリング」と呼びます。近年はメンター制度を導入している企業が増えていますが、オープンなスポーツ環境を作るために、スポーツ界でも、競技者やコーチに対するメンター制度を創設することが期待されています（スポーツ指導者の資質能力向上のための有識者会議、2013）。

私たちが大学生アスリートに対して行った調査（Arai et al., 2016）では、「メンターがいる」と答えた大学生競技者は約89％であり、高い割合であることがわかりました。さらに、メンターは大学生アスリートにポジティブな効果をもたらすことが明らかになっています。それでは、どのような人がメンターになりえるのでしょうか。額賀ほか（2018）によると、大学生アスリートのメンターは大きく3種類に分けられます。1つめは、現在のスポーツ活動に関係している人です。ここには、部の同級生・先輩といった部員や、部のOBOG、現在の指導者が含まれます。2つめは、現在のスポーツ活動と関係のない人です。ここには、過去のチームメイトや過去の指導者・恩師が含まれます。3つめは、スポーツ活動と関係のない人です。ここには、家族、恋人、部活動や競技と関係のない友人が含まれます。つまり、アスリートのメンターには、必ずしも競技に関する知識や経験は必要ないことがわかります。むしろ、進路やキャリアについて相談できたり、自分のことを定点観測してくれていたりする存在こそが貴重なのでしょう。ときには自分のつらさや弱さをさらけ出し、そんな自分を理解し、受け止めてくれる存在も、アスリートには必要なのだと思います。

（3）恋人

私の大学に入学してくる大学生アスリートの中には、「高校時代、私の部活動は恋愛禁止でした」という者が少なくありません。おどろいたことに、「あいつとはつきあうな」と、特定の個人との恋愛関係を禁じられたと話してくれた学生もいます（これらはハラスメントに該当するはずです）。アスリートの中には、恋愛をすると競技に悪影響が出ると信じ込まされて疑わない者もいます。たしかに、恋愛には功罪あるのかもしれませんが、少なくともポジティブな効果があるようです。Campbell et al.（2016）は、欧米諸国の20名のオリンピック・アスリートに調査を行い、20名中15名は、恋愛をしている時の方が競技のパフォーマンスは良いと回答したことを報告しています。私が行った大学生アスリートの恋愛に関する調査（Arai, 2017）では、交際相手がいるアスリートの方が、交際相手のいないアスリートと比べて幸福感が高いと確認されました。恋人という存在も、アスリートに大きな影響を与えているようです。

インテグリティ

スポーツ界でトラブルが起きるたび、「インテグリティが欠けている」といわれます。このインテグリティとは何なのでしょうか？　勝田（2018）によると、スポーツにおけるインテグリティは「スポーツが様々な脅威により欠けるところなく、価値ある高潔な状態」のことです。勝田（2018）は、現代のスポーツ界においてインテグリティが強調されている要因として、

「ドーピング」「ハラスメント」「ガバナンスの欠如」「違法なギャンブル」など、多くの問題が生じていることを挙げています。以下では、インテグリティの中で、「ギャンブル」と「ハラスメント」について見てみましょう。

(1) ギャンブル

良いか悪いかは別として、スポーツはギャンブル的な要素を含むものです。野球であれば、1アウトでランナー3塁のとき、バッターがゴロを打ったら、打球がどこに飛んでも、3塁ランナーは本塁に向けて一か八かスタートする…これは「ギャンブルスタート」と呼ばれます。劣勢の中、逆転を狙って起死回生の一手を打つ。こんな場面がスポーツでは頻繁に見られます。

プレイにおいてだけでなく、アスリートの中には、日常生活でギャンブルを行っている者もいます。パチンコ、スロット、宝くじなどの合法的なギャンブルを行うのであれば、それ自体に法的な問題はないのですが、違法なギャンブルに手を出した選手たちもいました。リオデジャネイロ・オリンピック2016大会の前には、バドミントンのトップ選手数名が、違法カジノ店に通っていたことが発覚し、処分され話題となりました。

ギャンブル（賭博）とは、賭け金を失うリスクを負ってまで、より多くのお金を儲けようと不確定な出来事にお金を賭ける行為のことをいいます（小河、2014）。私たちの調査（荒井ほか、2017）では、大学生アスリートの約40％が、過去1年間に何らかのギャンブル行動を行っており、男子アスリート（50％）の方が、女子アスリート（21％）よりもギャンブルを行っていました。ギャンブル行動を行っている大学生アスリートは少なくないようです。ただし、わが国の一般大学生において、39％がギャンブル経験を持っているという報告もあるため（品川，2010）、大学生アスリートのギャンブル経験は、大学生全般と比較して高いとはいえないようです。米国で20739名の大学生アスリートを対象に行われた全国調査（Ellenbogen et al., 2008; Huang et al., 2007）の結果（過去1年間に男子62％・女子43％が実施経験あり）と比較すると、男女ともにギャンブル行動を行った経験はやや少ないようです。

さらに、この調査（荒井ほか，2017）で興味深いのは、ほとんどのメンタルの能力（心理的パフォーマンスに対する見込み感）は、ギャンブル経験の有無によって異なっていなかったことです。スポーツ界では、ギャンブル行動を行うことでメンタルが強化されるということが、まことしやかに語られたりしますが、この研究の結果からは、これを裏づける結果は得られなかったといえます。ただし、メンタルの評価項目の中で唯一、競技場面の協調性得点は、ギャンブル経験のある者の方が高いことが示されました。競技場面の協調性に関する得点は、「試合中や試合の合間に、仲間と励ましあったり、協力することができる」という項目で評価されており、チームメイトとのコミュニケーションを取ることに対する見込み感を評価しています。これは、ギャンブル行動が競技場面の協調性を強化したというよりも、その選手のコミュニケーションを取る能力（競技場面の協調性）が高いゆえに、チームメイトに対して過度に従順になる、あるいは、依存的になってしまっている可能性があると考えられます。これはあくまで推測になりますが、競技場面の協調性が高い選手は、日常場面でも協調性が高く、チームメイトの誘いに応じて、ギャンブル行動に参加してしまうことがあるのかもしれません。

いわゆるカジノ法（特定複合観光施設区域の整備の推進に関する法律）はわが国のスポーツ界に関連してくる可能性があると考えられるものの、その動向は流動的であり、影響も未知数です。仮に、ギャンブル行動がアスリートのメンタルを向上させることが将来的に明らかにされたとしても、違法なギャンブル行動は絶対に認められません。そして合法であっても、ギャンブル行動は積極的に推奨されるべきものではないでしょう。私たちスポーツ関係者がなすべきなのは、ギャンブルを推奨することではなく、ギャンブルが持つポジティブな要素を抽出し、ギャンブル以外の場面で上手に活用することなのかもしれません。

(2) ハラスメント

アスリートは残念ながら、アントラージュからハラスメントを受けることがあります。ハラスメントを受けたことがきっかけで、メンタル面に不調を来すアスリートは少なくありません。桜宮高校のバスケットボール部員が、ハラスメントを受けた結果、自死を選択させられてしまった事例については、繰り返し報道されました。関心のある方にはぜひ、『桜宮高校バスケット部体罰事件の真実——そして少年は死ぬことに決めた』（島沢優子、朝日新聞出版、2014）

をお読みいただきたいと思います。また、ハラスメントは、直接の被害者である選手はもちろん、周囲の選手にも悪影響を及ぼします（渋倉、2019）。

「スポーツを行う者を暴力等から守るための第三者相談・調査制度の構築に関する実践調査研究協力者会議報告」（2013）は、スポーツ指導に関連して行われるパワー・ハラスメントおよびセクシャル・ハラスメントを以下のように定義しています。この定義は、スポーツの領域でよく参照されています。

「パワー・ハラスメントとは、同じ組織（競技団体、チーム等）で競技活動をする者に対して、職務上の地位や人間関係などの組織内の優位性を背景に、指導の適正な範囲を超えて、精神的若しくは身体的な苦痛を与え、又はその競技活動の環境を悪化させる行為・言動等をいう。」

「セクシュアル・ハラスメントとは、性的な行動・言動等であって、当該行動・言動等に対する競技者の対応によって、当該競技者が競技活動をする上での一定の不利益を与え、若しくはその競技活動環境を悪化させる行為、又はそれらを示唆する行為も含まれるものとする。」

スポーツ場面には、ほかの生活場面と大きく異なる特徴があります。その特徴がハラスメントを導きやすい原因ともいえます。たとえば、以下のような特徴があります。

・ひとりの指導者が、チーム運営に関わるあらゆる権力を握っていることがある。
・第三者の目に触れない、閉じられた空間で指導が行われることがある。

・身体を使うため、指導や練習において身体接触が生じる場合がある。
・寮や合宿などで、寝食を共にすることがある。
・大会では、優勝するのは1名または1チームであり、ほとんどが敗者となる。
・試合に出場する人数が決められていることが多く、試合に出る機会が得られない者もいる。
・勝ち負けがはっきりするなど、戦績や記録が明快なので、業績評価が容易である。

そして、スポーツ場面で暴力的指導が行われる4つの理由が、渋倉（2019）によって示されています。1つめは、権威に基づく主従関係です。選手選考など、コーチは選手が服従せざるを得ない権限を持っています。2つめは、閉鎖的な社会・空間です。スポーツ活動はクラブ単位で行われるため、外部との接触が持ちにくい活動環境にあります。3つめは、短期間で結果が求められることです。わが国では、中学校・高等学校といった学校期を単位として大会が開催されることが多い現状があります。4つめは暴力的指導の連鎖です。選手たちにとって尊敬の対象となっているコーチという存在が暴力的指導を行うのであれば、選手はそれを良い指導であると認識してしまうこともあります。そして、そのような指導を受けた選手は、自分が将来コーチとなったとき、やはり暴力を用いて指導することにもなるかもしれません。

ハラスメントに関しては、被害者の支援はいうまでもありませんが、ハラスメントの告発者や告発の協力者への支援も必要です。悪質なハラスメント行為を行ったコーチ（加害者）は、再起する機会が与えられるべきではないケースもありますが、なかには、あてはまらないケースがあるかもしれません。その場合、どのようにして再起する道筋をつければよいのでしょうか。なぜなら、再起の道が完全に閉ざされた状況は、むしろさらなる隠蔽を生むように思えるからです。このことも、スポーツ界に課せられた重要な課題です。

悲しいことなのですが、連日のようにハラスメントがニュースに取り上げられている現状は、モグラたたきのようにも思えます。たたくことをやめてはなりませんが、残念ながらそれだけでは、ハラスメントは解決しないように思えてなりません。ハラスメントの本質的な解決のためには、アスリートの周囲に位置する全てのアントラージュが、現場で何が起きているかを注視する必要があります。

インテグリティに関する議論の落とし穴

法学では、インテグリティの問題はどのように考えられているのでしょうか。松本（2017）は、刑法の謙抑性の観点から、インテグリティを巡る問題では刑罰法規の対象にならない行為も多いといいます。そして、スポーツ界の秩序保持のためには、行為規範が求められると考えられます。アスリートのギャンブル問題にしろ、ドーピング問題にしろ、これを排除するためには明確な基準の設置（規範）が必要です。そのためには、基準の明確性とそれを保持する継続性、いわゆる法的安定性が求められます。そして規範確保のためには、命令規範とともに、制裁規範が求められることも考慮する必要があります。リオデジャネイロ・オリンピック2016大会において、ドーピング問題を国家的に隠蔽したといわれるロシアに対して、オリンピック（各競技団体に参加可否の判断を委ねる）とパラリンピック（全面的に参加を禁ずる）で対応が異なったことは、この問題を象徴的に表しています。

しかし、インテグリティの問題を検討する際、法学の知見を参照するだけで十分とはいえません。なぜならば、インテグリティの問題を検討するには、「価値」に注目する必要があるからです。問題を検討する際に依拠すべき基準を考えるためには、価値を無視することはできません。「勝ちたい」「自己記録を更新したい」「名声を得たい」「フェアにプレイしたい」「収入を得たい」など、スポーツには多様な価値が存在するからです。スポーツの競技中には、法的規範（ルール）と道徳的規範（フェアプレイ）が葛藤する状況がしばしば生じます。ルールを守るのか、フェアプレイに徹するのか、といった状況です。この葛藤も、そのアスリートが持っている価値と関連します。

インテグリティに関して、とくにトップレベルのアスリートやコーチは、様々な研修を受けています。しかし、現在行われているインテグリティへのアプローチは不十分ではないかと考えます。なぜならその多くは、「ドーピング」「ハラスメント」などの問題行動を予防する視点にとどまってしまっているからです。たしかに、インテグリティを考える際の入り口として、問題行動の予防は重要です。しかし本来、インテグリティへのアプローチとは、理想の状態

（価値ある状態・高潔な状態）を目指そうとするものであるべきではないでしょうか。「自分にとって価値ある状態とは何か？」「スポーツの世界で高潔な状態とは何か？」を考え、あるべき理想の状態を追究することこそ、インテグリティを保障するためのアプローチといえるはずです。価値については、終章でもういちど触れます。

本書は３部構成です。第１部では、アスリートのこころと身体の関係性に注目します。第２部では、ジュニアアスリートと関連の深い話題を紹介します。第３部では、最近関心が高まっているメンタルのテーマについて考えます。

【引用文献】

荒井弘和（2020）アスリート・コーチに対するメンタルサポート3・0、体育の科学、70, 34-40

有冨公教・外山美樹（2017）スポーツ競技自動思考尺度の作成および妥当性の検討——競技中に生じる思考の個人差の理解に向けて、スポーツ心理学研究、44, 105-116

江田香織（2014）思春期のトップアスリートへの心理サポート、体育の科学、64, 26-31

江田香織（2019）知っておきたい女性アスリートの心理的特徴、体育の科学、69, 681-685

Ellenbogen, S., Jacobs, D., Derevensky, J., Gupta, R., & Paskus, T. (2008) Gambling behavior among college student-athletes. Journal of Applied Sport Psychology, 20, 349-362.

福島正義（1978）水戸学と文武不岐論——弘道館記述義を中心とす、武道学研究、10(3), 7-13

Huang, J.H., Jacobs, D.F., Derevensky, J.L., Gupta, R., & Paskus, T.S.（2007）Gambling and health risk behaviors among U.S. college student-athletes: Findings from a national study. J Adolesc Health, 40, 390-397.

石川信一・坂野雄二（2005）児童における不安症状と行動的特徴の関連——教師の視点からみた児童の社会的スキルについて、

カウンセリング研究、38, 1-11
神信人（2009） 集合的無知、日本社会心理学会（編）、社会心理学事典、丸善出版、pp.300–301
勝田隆（2018） スポーツ・インテグリティの探究――スポーツの未来に向けて、友添秀則（監）、大修館書店
栗林千聡・中村菜々子・佐藤寛（2018） ジュニア選手の競技不安はＤＳＭにおける不安障害の概念によって説明できるか、関西学院大学心理科学研究、44, 1-7
松本泰介（2017） スポーツ法の新潮流 ①「インテグリティとは何か――スポーツの現代的価値」 Sports Business and Management Review, 2, 14-15
日本スポーツ心理学会（2014） スポーツメンタルトレーニング指導士――資格認定・更新の手引き、２０１４年度版
ノレム・Ｊ・Ｋ（2002） ネガティブだからうまくいく、末宗みどり（訳）、西村浩（監修）、ダイヤモンド社
小河妙子（2014） 賭博行動に関する心理学的研究の展望、心理学評論、57, 200-214
渋倉崇行（2019） コーチングにおけるリスクマネジメント（体罰・ハラスメント）、平野裕一・土屋裕睦・荒井弘和（編）、グッドコーチになるためのココロエ――Webアシスト付、培風館 pp. 178-186
島沢優子（2014） 桜宮高校バスケット部体罰事件の真実――そして少年は死ぬことに決めた、朝日新聞出版
品川由佳（2010） 大学生のギャンブル依存に関する調査、総合保健科学、26, 51-57
スポーツを行う者を暴力等から守るための第三者相談・調査制度の構築に関する実践調査研究協力者会議報告（2013） http://www.mext.go.jp/b_menu/shingi/chousa/sports/020/toushin/__icsFiles/afieldfile/2014/01/17/1343415_01.pdf［２０２０年３月閲覧］
外山美樹（2019） 悲観主義の機能――物事を悲観的にとらえることによって成功している防衛的悲観主義者、体育の科学、69, 561-564
EU expert group on “education and training in sport”（2012） EU guidelines on dual careers of athletes: Recommended policy actions in support of dual careers in high-performance sport. http://ec.europa.eu/sport/library/documents/dual-career-guidelines-final_en.pdf［２０２０年３月閲覧］
和久貴洋（2015） スポーツの才能を育てる教育と組織、子どもと発育発達、13, 232-238

鈴木郁弥・清水智弘・泉重樹・荒井弘和（2019） 大学生アスリートは受傷したチームメイトをどう認知しているか？ 埼玉アスレチック・リハビリテーション研究会誌、10, 21-25

鈴木郁弥・荒井弘和（2017） 受傷アスリートとそのチームメイトが持つ認識の明確化、スポーツ産業学研究、27, 37-47

児玉真樹子・深田博巳（2010） 育児中の女性正社員の就業継続意思に及ぼすメンタリングの効果：ワーク・ファミリー・コンフリクトと職業的アイデンティティに着目して、社会心理学研究、26, 1-12

Arai, H., Suzuki, F., & Akiba, S. (2016) Perception of Japanese collegiate athletes about the factors related to mentoring support. Journal of Physical Education Research, 3(4), 12-24.

額賀將・鈴木郁弥・秋葉茂季・飯田麻紗子・荒井弘和（2018） 大学生アスリートが考えるメンターと競技・日常生活で求めるメンタリング スポーツ産業学研究、28, 75-84

Campbell, K., Hosseini, C., Myers, K., & Calub, N. (2016) Does love irfluence athletic performance? The perspectives of Olympic athletes. Review of European Studies, 8(2), 1-7.

荒井弘和・鈴木郁弥・飯田麻紗子（2017） 大学生アスリートにおけるギャンブル行動およびその関連要因の調査、保健の科学、59, 491-495

第1部

アスリートのこころと身体

第1章 こころと身体の関係
――アスリートの全人的理解のために

雨宮怜
筑波大学

1 アスリートに対する全人的理解の必要性

東洋医学では「心身（身心）一如」、武道やスポーツ界においては「心・技・体」という表現が用いられてきたように（関矢、2016）、心（メンタル）が人の様々な側面に及ぼす影響を想定するモデルが、東洋諸国を中心に活用されてきました。同様に、人の健康問題を説明するBio（生物）―Psycho（心理）―Social（社会）モデルが、西洋文化圏から提唱されています（Engel, 1977）。このモデルは、健康問題は個人の特性（性格など）などの心理的要因によってのみ導かれるものではなく、生物学的な要因（例えば遺伝要因や身体的要因）、あるいは社会的要因（所属している環境など）も相互に影響し合って発生することを説明したモデルです。上述のような複数の説明モデルによって言及されているように、人の健康やパフォーマンスに対して、多面的な要素が相互に関連し合って影響することがわかります。

アスリートの場合にはどうでしょうか。アスリートにおける心もまた、身体や技術（e.g., パ

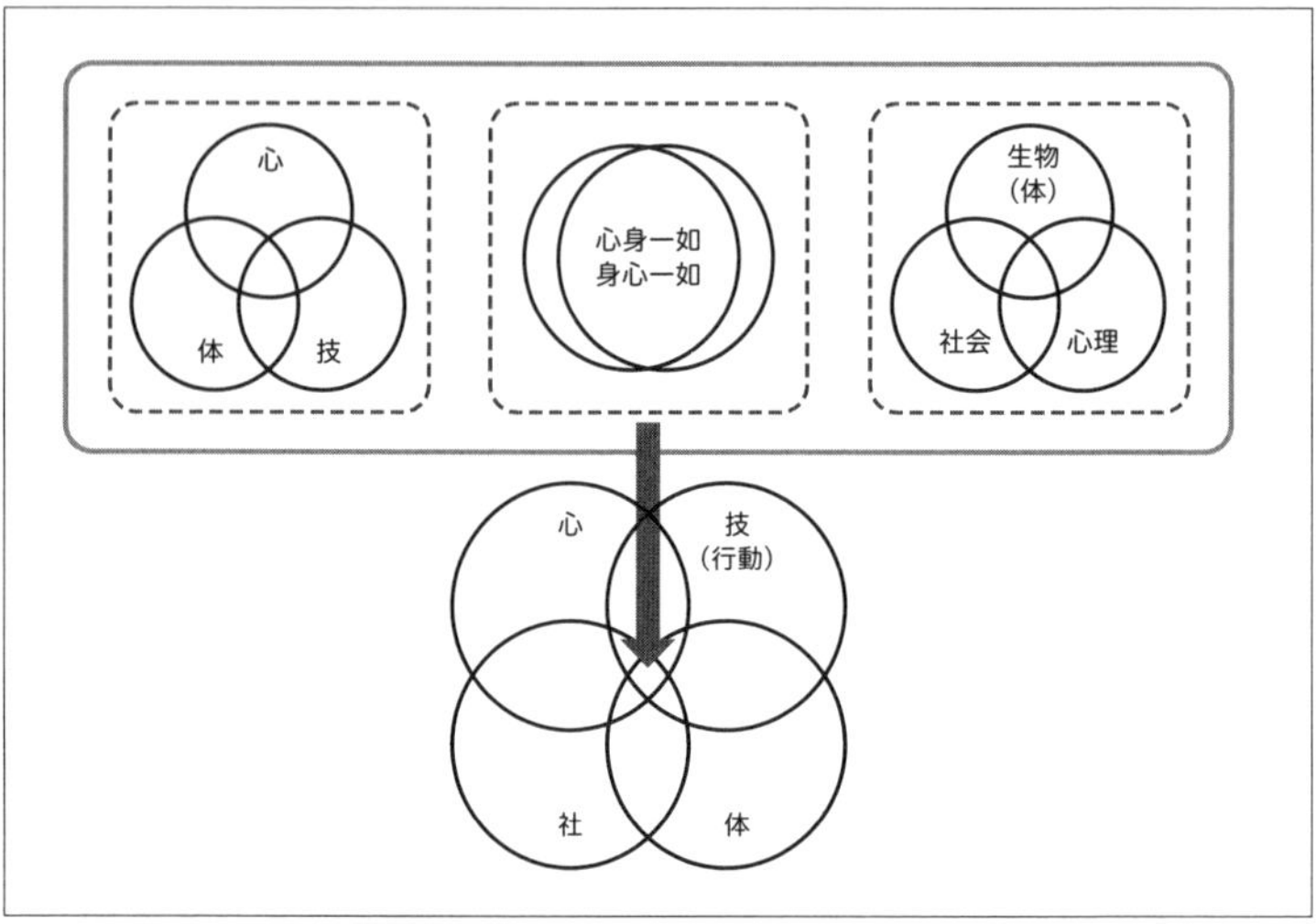

図　既存のモデルを基本とした心・技・体・社モデル

フォーマンス）、さらには社会的要因（e.g., チームの対人関係など）と相互に関連し合っていることは、容易に予想することが可能です（図）。すなわち、アスリートや彼らが直面する問題を理解するためには、心・技・体・社という全人的（ホリスティック）な視点で検討する必要があります。特に、「心身（身心）一如」という言葉があるように、心と身体は双方に強く影響し、重なり合うことが予想されます。本章では、アスリートの心と身体の関係というテーマのもと、それぞれがどのようにもう一方と関係するのか、そして、その関係性が導く技術や社会的側面への影響についても、先行研究の知見などを基にご紹介したいと思います。

2　こころがアスリートの身体や技術、社会に与える影響

先に、心と身体が相互に関係し合うことについて触れました。本節では、アスリートをはじめ、個人の心が身体、またその後に与える技術や社会的側面への影響について、ご紹介いたします。

人は皆それぞれ、何らかの物事や状況の捉え方の特徴（クセ）を有しています。たとえば、ある人は特定の状況をストレスフルで緊張する場面として捉える一方、ほかの人はまったく同じ場面であっても、それをチャンスとして捉えることがあります。このような、ある場面を危機的状況だと仮に捉えた場合、その人の心の中には不安や恐怖といった、いわゆるネガティブな心理的反応が生起し、一方、チャンスだと捉えた場合、楽しさやワクワク感などのポジティブな反応が生じるでしょう。このように、各自が有する物事や状況の捉え方によって、その後に生じる心の反応は異なることが指摘されています（Lazarus, & Folkman, 1984）。

アスリートの場合にも同様に、選手各自が有する物事や状況の捉え方が、ネガティブな心理的反応を生起させる原因となることが示唆されています（McArdle & Moore, 2012）。さらに、状況とその捉え方の影響によって、アスリートの緊張や不安が高まり、普段のパフォーマンスが発揮できない「あがり：choking under pressure」を経験しやすくなります（e.g., 村山・関矢、2012：村山・田中・関矢、2009）。このあがりとは、単に緊張する場面で心理的不安や恐怖が

生起する問題ではなく、それに加えて身体的な反応が生じ、パフォーマンス発揮に支障をきたしてしまう問題です（村山・田中・関矢、2009）。

あがりをはじめ、人が経験する心理的反応によって、身体にどのような反応が生じるのでしょうか。これまで多くの先行研究によって、不安やあがりが生じる状況において、心拍数や血圧、内分泌反応にかかわる様々な身体的反応が生じることが明らかとなっています（e.g., Landers et al., 1985; Noteboom et al., 2001; Salvador et al., 2003）。このような心拍数の増加、すなわち胸の鼓動が早くなったり、あるいは手や脇、額などに汗をかくといった身体的反応は、闘争—逃走反応という古くから人間に備わっているシステムによるものです。闘争—逃走反応とは、直面した緊急事態に対して、戦うか逃げるかの準備状態として、交感神経系の活動亢進とアドレナリン分泌増加を中心とした発汗や心拍・血圧の増加、手足指先など末端の体温低下が生じる身体反応を指します（青山、1999）。緊急事態と書くと、物々しい印象を受けるかもしれませんが、単に人前でパフォーマンスをする、という状況も、人によっては緊急事態として捉えられることがあります。心身の興奮状態は、運動を行う場合に部分的には必要であるため、単にリラックスしていればよいということではないのですが、その一方で、興奮が過剰な場合、特に冷静さが求められる状況においては、それが非機能的な反応となり、あがりの原因となります（坂入、2011）。

闘争—逃走反応による身体的な反応の変化は、心臓だけではなく、脳や胃といったほかの臓器にも影響を及ぼします。特に、あがりが生じるような場面では、脳の処理資源（コンピューターが情報を処理するために用いる容量のようなもの）が不足し、その結果、パフォーマンスの低下に繋がることも指摘されています。脳は人間にとっての司令塔であり、人は脳の処理資源を使って身体を動かすことや、物事を考えるといったことを行います。すなわち、身体の動きをコントロールしたパフォーマンスや、競技中に試みる状況判断に対しても、我々は脳の処理資源を使う必要があります。しかしながら、脳の処理資源は無限に使用することはできず、一度に使用する量には限りがあることが指摘されています（Kahneman, 1973）。さらに競技場面において、不安などのネガティブな心理的反応が生起した場合、それは我々にとって危険な状況と判断されます。人は進化の歴史の中で、危険なものに素早く注意を向ける能力を獲得していることから、不安など危機と関連する反応についての情報を優先的に探索してしまうことが考えられます（Öhman & Mineka, 2001）。その結果、処理資源が不安に奪われてしまい、運動制御や遂行に必要な脳の処理資源が不足した結果、思うようにパフォーマンスを発揮できなくなる、ということが起こります。これは、処理資源不足仮説として紹介されている説明です（Eysenck, 1997：藤原・岩永、2008）。この仮説からも、単に不安や緊張という心の反応であっても、その後身体に影響し、技術（パフォーマンス）の問題に繋がってしまう理由がわかります。

ではなぜ、アスリートはネガティブな心理的反応や身体的反応、あがりを導くような状況の捉え方をしてしまうのでしょうか？　実は、物事や状況の捉え方が個々人で異なるように、我々が実際に見ている世界は皆が等しい世界を見ているわけではなく、各々の心の状態によって影響を受けていることが明らかとなっています。たとえばうつ病を抱えている人が見ている世界については、暗さを強調した表現がされがちですが（海外ではうつ病を抱えていることを黒い犬（black dog）を飼っていると表現することがあります）、実際にその人たちは、他者よりも色のコントラストを認識できず、世界を暗く認識していることが明らかとなっています（Bubl, Kern, Ebert, Bach, & Tebartz van Elst, 2010）。このように、人は自身の心理状態によって、実際の世界を誤って認識してしまう場合があるようです。

さらに、アスリートが見ている世界もまた、心理状態によって影響を受けることが報告されています。読者の方々もご経験があるかもしれませんが、たとえば緊張場面において、身体活動のターゲットとなるもの（e.g., ダーツの的や、テニスコートの広さなど）が、普段よりもネガティブな方向（e.g., 的が小さく見える、相手コートが狭く見えるなど）へと認知されやすいことが明らかとなっています（兄井・本多、2013；Tanaka, Sasaki, Karakida, Goto, Tanaka, & Murayama, 2018；村山・田中・関矢、2009）。このような現象は力動的知覚と呼ばれ、環境の知覚が行為者の動機づけや願望、期待、緊張や不安などの心理的状態によって変化する現象として紹介されています（加賀、1987；田中・柄木田・村山・田中・五藤、2018）。さらに、人のパフォーマンスの基となる運動行動は、行為者が外的環境をどのように認知したかという、得られた情報を活用して生み出されることが示唆されています（田中・柄木田・村山・田中・五藤、2018）。そのため、このような力動的知覚が生起した場合、誤った認知・視覚情報に基づいて運動を制御してしまい、パフォーマンスの問題を生起させてしまうことは、容易に予想することが可能です。

さらに、優れたチームワークや集団のパフォーマンスを発揮するためには、選手間の相互理解や連携が不可欠です。しかしながら、そもそも他者の気持ちを理解することは、実は我々が思っている以上に難しいのかもしれません。実際に、性格検査の自己評価と他者評価の関係を調べた研究によると、双方の評価の得点は、要素によっては必ずしも関係が認められないことが報告されています（小塩・阿部・カトローニ、2012）。なぜ他者理解が難しいのか、それは先ほどから述べさせていただいているように、我々は自分の視点で世界を捉えがちであるから、かもしれません。他者の心を理解する際にも、実は各自の心の状態や置かれている状況が影響を及ぼすことが指摘されています。

人が他者の心の状態を推論する際に用いる方法として、「理論説：ステレオタイプ化」、そして「シミュレーション説：投影」が紹介されています（石井、2014；石井・竹澤、2017）。ステレオタイプ化とは、「トップアスリートはポジティブだ」といったような、集団やカテゴリーに関するイメージを指し、人は他者の心の状態を理解しようとする際に、自身のステレオタイプ、すなわち獲得された知識や理論を基に推論することが示唆されています。また一方、投影とは「自身の心の状態を他者に適用、映し出す」という、他者の心の状態を自分の心の状態に基づいてシミュレートし、相手の心の状態を判断する方略です（石井、2014）。すなわち、我々は人の心も自分の心の尺度や状態で捉えていることが推測されます。

以上のことから、心がアスリートの身体や技術、あるいは社会的側面に対して様々な影響を及ぼすことがおわかりいただけるかと思います。アスリートや指導者はこの影響性を理解し、単に自身から見える世界だけではなく、物事を俯瞰的に捉え、心に左右されないアプローチを検討する必要があるのではないでしょうか。

3　身体からのアスリートのこころや技術、社会への影響

先に、心から身体への影響についてご紹介いたしました。次節では反対に、身体から心に、そして技術や社会的側面に与える影響について、ご紹介します。

仏教の瞑想やヨーガを始め、身体を活用したボディーワークでは古くから「調身→調息→調心」という表現が活用されてきたように、心を整える（調える）ためには、最初に身体からアプローチすることが重視されています。たとえば先にご紹介した闘争―逃走反応が生じている際には、心をコントロールするよりも、身体をコントロールする方が、有効であることが示唆されています（坂入、2011）。これは身体心理学や東洋医学にも通じる考えであり、東洋文化圏を中心に、身体から心へアプローチする方略の有効性が支持されています（春木・山口、2016）。

この背景には、心を心でコントロールする試みが、多くの場合、失敗に繋がりやすいことが

理由として挙げられます。不安な状況でネガティブな思考（e.g., ミスをしたらどうしよう）が生起した際に、人はそのネガティブな思考を抑制しようとする試みを行いがちです（e.g., 考えないようにしよう）。このような試みは恐らく、多くの人が日常的に用いる対処でしょうし、ほかの人にも「そんなこと、考えなければ良いのだよ」といったように、気軽に勧める対処法ではないでしょうか。しかしながら残念なことに、この方法は大抵の場合、上手くいきません。特にストレスや負荷がかかっている状況だと、なおさら失敗しやすくなります（服部、2015）。このような心を心でコントロールしようとして上手くいかない現象は、皮肉過程理論（Ironic Process Theory）として有名です（Wegner, Schneider, Carter, & White, 1987）。たとえば、ネガティブな気分や社会的に相応しくない考えを抑制しようとすると、抑制を試みた対象が皮肉にも心の中に生じやすくなり、抑制前よりも考えてしまうようになります。これは、必ずしも心の中のことだけではなく、動きやパフォーマンスに対しても同様の影響を及ぼすことがわかっています（Wegner, Ansfield, & Pilloff, 1998）。すなわち、心や動作を心でコントロールしようとする試みは、大抵、上手くいかないばかりか、逆効果を導くきっかけにさえなってしまうようです。

しかしながら、ネガティブな思考であったり、緊張やあがりが生起しそうな状況において、心よりもコントロールしやすい物があります。それが身体です。仮にストレスや負荷がかかり、闘争―逃走反応が生じて手足指先が冷たくなっていたとしても、お風呂に入れば身体は温まり、心身の体温の低下は和らいで、それに従って心も幾分か落ち着きを取り戻せます。お風呂である必要はありませんが、そういった状況で身体を調整する方法、例えば「調身」として姿勢や身体を調整したり、「調息」としての呼吸法などのリラクセーション技法を活用して、身体から心へアプローチすることは可能です。実際に、このような方法を、心の状態を調整するために使用することの有効性が、多くの研究から示唆されています（春木・山口、2016；坂入、2011）。

また近年、アスリートが起こした違法薬物事件をはじめ、反社会的行動・事件が世間を賑わせていますが、これらの問題が生起する背景もまた、身体から心への影響を基本として検討することが可能です。たとえば自傷行動（e.g., リストカットなど）は、社会的に許容されにくい行動ではあるものの、自傷をする個人にとっては、「行わざるを得ない理由」が存在することが指摘されています。ある研究の結果によると、自傷行動をすることによって、脳内麻薬様物質の濃度が高くなり、鎮痛効果が導き出されるそうです（Coid, Allolio, & Rees, 1983; 松本、2011）。つまり、自傷行動をはじめ、強烈な反応や感覚が付随して生じる行動は、心理的な負荷から逃れるための対処として行われます。そして、その行動の結果として上記のような脳や身体の鎮痛反応が生じ、それが心の鎮痛作用や、心理的な負荷から目をそらす機会として機能することが指摘されています（松本、2011）。また、このような行為で得られる効果（報酬）によって、当該行動が強化され（行動が増えること）、結果的に常習化に繋がるようです（松本、2012）。

心理的苦痛を減少・緩和させるために、たとえ違法な行動であっても行ってしまうことが、自己治療仮説として説明されています。これは、アルコールや薬物といった物質依存症者が、依存に至る理由を説明する理論です（Khantzian & Albanese, 2008）。それによると、彼らは快楽を求めて物質を摂取しているのではなく、物質使用開始以前から心理的苦痛を抱えており、その苦痛を減少・緩和させるために物質を使用し、それが強化されることによって依存症に繋がることが示唆されています。つまり、物質依存の状態は快楽の獲得というよりも、不快な状態を自身でどうにか対処：治療するために、必要に迫られた結果、物質を摂取し、そして行動が強化されている状態であることが考えられます（Khantzian & Albanese, 2008; 松本、2018）。

ギャンブル依存や摂食行動の問題を抱えている方についても、その行動が身体に与える影響や、対処方略としての機能に注目すると、なぜ生じているのかを理解することに繋がります。人によって、上記のような行動を行っている間は、その行動にある意味没頭することがあります。ギャンブルなどのいわゆるゲームは、楽しさや活動への没頭体験を生起させる条件が多分に含まれていますし、食べるという行動に没頭すれば、嫌なことや心理的負荷を一瞬でも忘れることができるかもしれません（一種の解離：意識が離れる・飛ぶような体験、と呼んでもよいでしょう）。これは、直面するには耐えがたい苦痛や困難が生起している場面では、その問題を忘れさせてくれるひと時として機能するため、それが報酬となり、行動が強化・維持されてしまうことが起こりえます。

このような問題は、アスリートにおいても生じることが予想されます。実際、女性アスリートの摂食障害の割合は、一般の女性よりも多いことが報告されています（Sundgot-Borgen &

Torstveit, 2004)。また、アスリートがなぜダイエットをするのかという調査においては、摂食障害の診断の有無にかかわらず、アスリートでは「パフォーマンスの向上」が100%、すなわち、対象者全員が理由としてパフォーマンスへの効果を意図したと回答しています(Sundgot-Borgen, 1994)。アスリートにとっては食べることもまた、パフォーマンスを左右するトレーニングの側面が大きく、ある意味、過度な食事行動もまた、理に適っている部分が存在すると考えられます。また一方では、先ほど挙げたように、極端な食事行動が安心感の獲得や、一瞬でも嫌なことを忘れるための対処行動として機能しているアスリートも、中には存在することが予想されます。さらに、摂食障害は上記のような依存症や自傷行動と併存しやすいことが示唆されており(松本、2011)、クレプトマニア(窃盗癖)の背景にも、この摂食障害の影響が存在することが指摘されています(中谷、2012)。ドーピングが行われる背景にも、不安などの心理的反応への対処としての機能があるかもしれません。違法薬物やギャンブルだけではなく、アスリートにおける摂食障害やクレプトマニア、ドーピングの問題もまた、過去数年以内に報道されて記憶に新しいものではないでしょうか。

アスリートが逮捕・起訴される、あるいは世間を賑わせる行動をとった後、その後の報道で当人が厳しい困難に直面し、葛藤していたものの、必要な支援の探索や相談ができていなかったと判明することがあります。特にトップアスリートは、常に厳しいトレーニングや周囲からのプレッシャーを経験しながら、限りなく達成確率の低い目標(e.g.; 金メダルや優勝)に向かって努力を積み重ねます。このような環境は、誰にとってもストレスフルな状況になりえることは明らかです。アスリートにおける違法薬物やギャンブル、摂食などの問題が発生する背景にもまた、本人が極度のストレスから己を守るための対処として、身体から心への機能が影響していることが考えられます。

これらの問題の解決として、罰や行動の抑制ではなく、その前にある葛藤を人との繋がり（コネクション）の中で解決していくことが重要であると指摘されています（松本、2017）。しかしながら、アスリートのダイエットに話を戻すと、実は指導者から勧められたという理由が、ダイエットを行う理由の第2位に位置していることが、過去の研究では報告されています(Sundgot-Borgen, 1994)。このことからも、アスリート本人だけではなく指導者や支援者もまた、上述のような身体から心への影響を正しく理解し、集団で連携しながらアスリートセンタードな活動や支援を行うことや、アスリートが相談しやすい環境を整えることが求められます。

これまで、身体から心への影響についてご説明しました。さらに、アスリートは競技種目の違いはあれども、スポーツチームという社会システムの中で、対人関係を営みながら活動しています。このような集団内の対人関係にもまた、身体から心への影響が機能することが明らかになっています。たとえば、単純作業を行う際に、一人よりも大人数で行うことによって、作業量が増えるという現象として社会的促進が、あるいは逆の効果の説明として、社会的手抜きという現象が報告されています。この社会的促進が発現する背景の一つとして、身体的な覚醒水準の上昇が影響することが報告されており（大平・丹治、1992）、社会が個人の行動に影響を与える際にも、実は身体的反応が媒介している可能性があります。

さらに、人は他者との物理的な距離や身体的な接触、あるいは類似性の多さによって、親密感や心理的反応を経験することが指摘されています（山口、2016）。そのため、アスリートが行う容姿や服装をチームで合わせることや、握手やハイタッチなどの身体接触が、心や社会的側面に影響していることが予想されます。また、他者との身体の同調や協働の効果も検討されており、人は他者と身体的反応や動作が同調・協調することや、これらが、他者が体験する痛みの緩和に加えて、他者への思いやりや、支援行動の増加に繋がることが明らかとなっています（Valdesolo & DeSteno, 2011; Reddish, Bulbulia, & Fischer, 2013; Goldstein, Weissman-Fogel, Dumas, & Shamay-Tsoory, 2018）。これらの研究は、アスリートを対象とした研究成果ではないことに留意すべきですが、アスリートはペアやチームメイトと「息を合わせる」や「動きを合わせる」といったように、他者と身体を触れ合わせるだけではなく、身体やその動きを合わせる試みを行います。そして、それが身体から心理社会的な側面に影響し、結果的に優れた集団パフォーマンスにも繋がっていると考えられます。

4　まとめにかえて

以上、本章ではアスリートのメンタルと身体の関係、またそこから技術（行動）や社会に対する影響へと対象を広げ、ホリスティックにアスリート、あるいは彼らが直面する問題の検討を行いました。本章からわかるように、心から身体、そして身体から心、双方の関係性がアスリートのパフォーマンスや社会的側面に対して、良くも悪くも様々な影響を及ぼします。アスリートは、自分自身の心と身体が関係し合っていること、その関係性が無意識的にも競技や日常生活に及ぼす影響に気づくことによって、自身の問題を正しく把握し、解決するために必要な対処を行うことに繋がると期待されます。またそれは同時に、自分自身の専門家になることを実現するのではないでしょうか。自分自身の専門家として、自身を客観的に観察し、自分の特徴や反応のパターンを理解する力は、トップアスリートの条件の一つと言っても過言ではないでしょう。また同様に、アスリートを取り巻くコーチや家族、あるいは支援者などの人々は、本章で扱ったアスリートの心と身体、あるいは技術や社会の関係性を理解し、彼らが健康でありながらも、優れた成果をあげるための方略を、全人的な視点から吟味し、それに基づいて指導や支援法を模索・選択することが求められます。

【引用文献】
兄井彰・本多壮太郎（2013）　スポーツにおける錯覚の生起要因による分類、九州体育・スポーツ学研究、27（2）、25-33
青山謙二郎（1999）　闘争あるいは逃走するための反応、中島義明・安藤清志・子安増生・坂野雄二・繁桝算男・立花政夫・箱田裕司（編）　心理学辞典、有斐閣、p. 629
Bubl, E., Kern, E., Ebert, D., Bach, M., & Tebartz van Elst, L. (2010)　Seeing gray when feeling blue? Depression can be measured in the eye of the diseased. Biological Psychiatry, 68 (2), 205-208.
Coid, J., Allolio, B., & Rees, L. H. (1983). Raised plasma metenkephalin in patients who habitually mutilate themselves. Lancet, 322 (8349), 545-546.
Engel, G. L. (1977). The Need for a New Medical Model: A challenge for biomedicine. Science, 196, 4286, 129-136.
Eysenck, M. W. (1979). Anxiety, learning, and memory: A reconceptualization. Journal of Research in Personality, 13, 363-385.
藤原裕弥・岩永誠（2008）　不安における注意の処理段階に関する研究、行動療法研究、34（2）、101-112
Goldstein, P., Weissman-Fogel, I., Dumas, G., & Shamay-Tsoory, S. G. (2018)　Brain-to-brain coupling during handholding is associated with pain reduction. Proceedings of the National Academy of Sciences, 115 (11), E2528-E2537.
春木豊・山口創（2016）　新版身体心理学――身体行動（姿勢・表情など）から心へのパラダイム、川島書店
服部陽介（2015）　自己と他者に関する思考・感情の意図的抑制と実行機能、心理学評論、58（1）、115-134
石井辰典（2014）　マインドリーディングの推測方略――感情、選好、性格の推測における投影とステレオタイプ化の使い分け、東京成徳大学研究紀要――人文学部・応用心理学部、21, 179-192
石井辰典・竹澤正哲（2017）　心的状態の推測方略――投影とステレオタイプ化、社会心理学研究、32（3）、187-199
Kahneman, D. (1973)　Attention and effort. Englewood Cliffs, NJ: Prentice Hall.
Khantzian, E. J., & Albanese, M. J　(2008). Understanding addiction as self medication: Finding hope behind the pain. Lanham: Rowman & Littlefield Publishers. ［カンツィアン、E・J & アルバニーズ、M・J（2013）、人はなぜ依

存症になるのか——自己治療としてのアディクション、松本俊彦（訳）、星和書店]
加賀秀夫（1987）　運動と認知、松田岩男・杉原隆（編）、新版運動心理学入門、大修館書店、pp.29-39
Landers, D. M., Wang, M.Q., & Courtet, P.（1985）　Peripheral narrowing among experienced and inexperienced rifle shooters under low-and high-stress conditions. Research Quarterly for Exercise and Sport, 56 (2), 122-130.
Lazarus, R. S., & Folkman, S.（1984）　Stress, appraisal, and coping. New York: Springer.［ラザルス、R・S & フォルクマン、S（1991）、ストレスの心理学——認知的評価と対処の研究、本明寛・春木豊・織田正美（監訳）、実務教育出版
松本俊彦（2011）　アディクションとしての自傷——「故意に自分の健康を害する」行動の精神病理、星和書店
松本俊彦（2012）　自傷行為の理解と援助、精神神経学雑誌、114（8）、983-989
松本俊彦（2017）　専門医でなくてもできる薬物依存症治療——アディクションの対義語としてのコネクション（特集　薬物依存症に対する最近のアプローチ）、精神科治療学、32、1405-1412
松本俊彦（2018）　人はなぜ依存症になるのか——子どもの薬物乱用、児童青年精神医学とその近接領域、59（3）、278-282
McArdle, S. & Moore, P.（2012）. Applying evidence-based principles from CBT to sport psychology. Sport Psychologist, 26(2), 299-310.
村山孝之・関矢寛史（2012）　スポーツにおける「あがり」の要因と要因間の関係性、体育学研究、57（2）、595-611
村山孝之・田中美吏・関矢寛史（2009）　「あがり」の発現機序の質的研究、体育学研究、54　（2）、263-277
中谷陽二（2012）　摂食障害患者の万引き——治療か刑罰か、精神神経学雑誌、114, 231- 235
Noteboom, J. T., Barnholt, K.R., & Enoka, R.M.（2001）　Activation of the arousal response and impairment of performance increase with anxiety and stressor intensity. Journal of Applied Physiology, 91 (5), 2093-2101.
öhman, A. & Mineka, S.（2001）　Fears, phobias, and preparedness: Toward an evolved module of fear and fear learning. Psychological Review, 108 (3), 483-522.
大平英樹・丹治哲雄（1992）　社会的促進における媒介要因としての生理的覚醒水準、心理学研究、62（6）、369-372
小塩真司・阿部晋吾・カトローニ、ピノ（2012）　日本語版 Ten Item Personality Inventory（TIPI-J）作成の試み、パーソナリティ研究、21（1）、40-52.

Reddish, P., Bulbulia, J., & Fischer, R.（2013） Does synchrony promote generalized prosociality? Religion, Brain & Behavior, 4（1）, 3-19.

坂入洋右（2011） 心身の過緊張の調整に有効なカウンセリング技法、バイオメカニズム学会誌、35、181-185.

Salvador, A., Suay, F., Gonz ález-Bono, E., & Serrano, M.A.（2003） Anticipatory cortisol, testosterone and psychological responses to judo competition in young men. Psychoneuroendocrinology, 28（3）, 364-375.

Sundgot-Borgen, J.（1994） Risk and trigger factors for the development of eating disorders in female elite athletes. Medicine & Science in Sports & Exercise, 26（4）, 414-419.

Sundgot-Borgen, J., & Torstveit, M. K.（2004） Prevalence of eating disorders in elite athletes is higher than in the general population. Clinical journal of sport medicine, 14（1）, 25-32.

関矢寛史（2016） メンタルトレーニングとは、日本スポーツ心理学会（編）スポーツメンタルトレーニング教本三訂版、大修館書店、pp.7-11

田中美吏・栁木田健太・村山孝之・田中ゆふ・五藤佳奈（2018） 心理的プレッシャー下でのダーツ課題におけるサイズ知覚とパフォーマンス結果、体育学研究、63（1）、441-455

Tanaka, Y., Sasaki, J., Karakida, K., Goto, K., Tanaka, Y., & Murayama, T.（2018） Psychological pressure distorts high jumpers' perception of the height of the bar. Journal of Functional Morphology and Kinesiology, 3（2）, 29-35.

Valdesolo, P. & DeSteno, D.（2011） Synchrony and the social tuning of compassion. Emotion, 11（2）, 262-266.

Wegner, D. M., Ansfield, M., & Pilloff, D.（1998） The putt and the pendulum: Ironic effects of the mental control of action. Psychological Science, 9, 196-199.

Wegner, D. M., Schneider, D. J., Carter, S., & White, T.（1987） Paradoxical effects of thought suppression. Journal of Personality and Social Psychology, 53: 5-13.

山口創（2016） 対人空間と身体接触 春木豊・山口創（編）、新版身体心理学、川島書店、pp.199-217

第2章 メンタルのコントロール
——第3世代のメンタルトレーニング

深町花子
日本スポーツ協会

1 アスリートの問題を解決するために

多くのアスリートは、ネガティブな内的状態の向上を最終目標としてはいません(Lutkenhouse, 2007)。アスリートは健康になることよりも、勝利や競技成績と直結するものを優先させています。一方試合で実力が発揮できないこと、チーム内での人間関係、勉学・就職への不安など、アスリート一人が抱える問題は多岐にわたっています。また、アスリート特有の問題として、怪我からの復帰プロセスや睡眠のコンディショニングなどにも対処する必要があります。また、特定の精神疾患を抱えている対象者を考える視点とは異なり、パフォーマンス向上を目指している過程で摂食障害になってしまった女性アスリートもいれば、一般人と比較して心身が非常に健康であっても試合で実力が発揮できないことに悩むアスリートもいます。したがって、アスリートの心理的な問題を考えるためには、ネガティブな感情を取り除くだけではなく、パフォーマンス向上につなげる必要があります。またアスリートの抱える心理的な問題は多岐にわたるので、心理的な問題の重症度にも大きな違いがあるといえます。

第2世代の認知行動的技法を用いたメンタルトレーニング

従来のスポーツパフォーマンス向上のためのメンタルトレーニングは、Psychological Skills Training（PST）と呼ばれ、ネガティブな思考や感情は理想的なパフォーマンスを実現する際の妨げになるとしていました。そのためPSTは、感情の自己コントロールに取り組み、最適な心的状態を作ることを目標としています（Hardy et al., 1996）。今までスポーツ分野の多くの人が、「最高のパフォーマンスを発揮するためには最高の心の状態でなければいけない」と考えていました。したがって、パフォーマンス発揮に最適な心的状態を作ることを目的としたポジティブシンキングやリラクセーションなどが中心的な技法として実施されてきました。しかしながらPSTがスポーツパフォーマンス向上につながったことを明らかにした研究は少なく、その根底にあるネガティブな思考や感情は理想的なパフォーマンスを実現する際の妨げになるという仮説を支持する研究も少ないのが現状です（Gardner & Moore, 2006）。また、負荷がかかるパフォーマンス発揮場面において、ネガティブ感情を抑制しようとする方略はかえってエラーを増やすということも明らかになっています（Woodman & Davis, 2008）。

第3代の認知行動的技法を用いたメンタルトレーニング

このように、ＰＳＴの効果に不明瞭な点があるにもかかわらず、研究が進展していることはスポーツ心理学分野の問題点として指摘されています（Gardner, 2009）。ＰＳＴに代わるものとして、新たにMindfulness Acceptance-Commitment-based approach（ＭＡＣ；Gardner & Moore, 2004）が海外においてスポーツパフォーマンス向上に広く用いられ、効果が認められてきています（Gardner & Moore, 2012）。ＭＡＣは多くがアクセプタンス＆コミットメント・セラピー（Acceptance and Commitment Therapy：ＡＣＴ）に基づいています。ＡＣＴは現代の行動分析学に基盤をおいた心理的介入法であり、言語行動の基礎理論である関係フレーム理論（Relational Frame Theory）を基に発展しました（Hayes et al., 2005）。ＡＣＴは、思考や感情を抑制しようとする行動（体験の回避）や思考と現実や自己を混同する行動（認知的フュージョン）を減らし、長期的に望ましい結果をもたらす人生の方向性を明らかにし（価値の明確化）、実際にそれを生起させていく（コミットメント）介入法です。

ＡＣＴは全般性不安障害、強迫性障害、慢性疼痛（Roemer et al., 2008；Twohig et al., 2006；Wicksell et al., 2010）といった、さまざまな疾患に効果があると報告されており、診断区分を超えて適用されているポピュラーな治療アプローチです（McHugh, 2011）。近年は、疾患の治療のみならず、体重管理、禁煙といった行動の改善にも有効であることが示されています（Forman et al., 2009；Hernández-López -et al., 2009）。また、ＡＣＴは武藤らの概観によると、①

介入対象が多岐にわたり、②痛みの緩和や生活習慣（病）の研究が全体の約50％を占め、③介入直後よりフォローアップ期の効果量が大きいと要約することができます。これらの特徴は介入対象が多岐にわたり、不安などの低減よりもパフォーマンス向上に向けた適応的な行動を増やすことを目指すスポーツ心理学の文脈にも合致すると考えられます。

またMACに含まれる概念がマインドフルネスです。マインドフルネスには「自分の体験の良い悪いを判断せず今に注意を向ける」という特徴があります。たとえば「前の試合ではあんなミスをしてしまった」とか「明日の試合で負けたら次がない」など、過去や未来の話をしていて、ネガティブな感情を抱くことがあります。そのような時に、観客の歓声をただ聞いてみましょうとか、自分の足の裏の感覚はどうなっているかといった、「今」に注意を向ける練習をするのが有効です。身体の感覚や聴覚、視覚などいろいろなものを使って、「今」に集中する練習をします。

また、生じる思考や感情、感覚について「悪い（良い）ものだ」と判断しないことも大きな特徴です。ネガティブな感情が生じた場合に、「そんなことを考えるなんて良くないことだ。切り替えてポジティブにならなきゃ」と、生じた感情を悪いものだと判断するのではなく、「自分はダメアスリートだという感情が出てきたなあ」と中立的に捉えます。

アスリートにとってマインドフルネスが馴染みのない新しい概念であることから、介入内容を理解し、短期間でパフォーマンスにつなげることは難しい可能性も示唆されています（De

Petrillo et al., 2009)。これは、スポーツ指導の場面において多く言われていた「緊張を自信に変えられるようにポジティブにとらえなさい」「リラックスして試合に臨みなさい」など、マインドフルネスに相反する考え方があるためかもしれません。

2 多様な問題へのACT

以下にマインドフルネスの考え方やACTの技法を取り入れた先行研究をいくつか紹介します。初めに、筆者が以前システマティックレビューを行った、スポーツパフォーマンス向上へのマインドフルネスを用いた介入の効果については、11件中8件で向上が認められました（深町ほか，2017）。介入した年齢は12歳から76歳と幅広く、ソフトボール、ウェイトリフティング、水泳、ラクロス、長距離走、アーチェリー、ゴルフ、飛び込み、チェスといった競技に対して介入が実施されていました。競技レベルはエリート（国際）レベルの者を対象とした研究が5件、大学競技レベルの者を対象とした研究が5件、様々なレベルの者を対象とした研究が1件でした。効果が見られなかった3件中2件（De Petrillo et al., 2009; Kaufman et al., 2009）においても、1年後にフォローアップ調査を行ったところ、介入前後で長距離選手のレースタイムは有意に向上していました（Thompson et al., 2011）。以上のことから、マインドフルネスを用いた介入はスポーツパフォーマンス向上に一定の効果があると考えられます。しかし、最近では、ランダム化比較試験（ＲＣＴ）も実施され、主観的なパフォーマンスについては、ＰＳＴよりも優れているとする研究もあります（Josefsson et al., 2019）。

次にBennett & Lindsay（2016）では、すでに受傷した腰の怪我は完治（ＭＲＩおよび医学的に評価済）しているにもかかわらず、腰の痛みについて文句を言い続け、トレーニングに戻るのを恐れており、頻繁に休憩を要求するような対象者の事例が報告されています。周囲のサポートに依存的になっており、再受傷への恐怖によって、不安になっていると考えられ、パフォーマンスへの不安を減らし、練習と試合に戻るのを促進することを目的としました。過去の怪我に関する痛みのイメージを減らし、プレーに復帰することへの不安を調整するためにＡＣＴ、マインドフルネス、リラクセーションなどを使用していきました。ストレッチのルーティーン、練習、就寝前にマインドフルネスの練習を取り入れました。たとえば就寝前のマインドフルネスの練習では、呼吸法を通じて、現在どのように呼吸を感じているのかという感覚に触れるようにしました。呼吸の感覚に気づくようになると、役に立たない思考や感情、感覚から気づきや距離をとることができ、対象者は「スローダウンして今この瞬間に戻れる」とコメントしていました。結果的に不安を感じなくなっていき、再びプレーに戻り、トレーニングを楽しむようになり、睡眠の改善も報告しました。

前十字靭帯断裂の大怪我を負ったアスリートのリハビリプロセスに焦点を当てた研究があります（Mahoney & Hanrahan, 2011）。怪我をしたアスリートは受傷後すぐに、いらつき、退屈、不安などのネガティブな感情を経験していました。具体的には、「リハビリのプロセスが長くてうんざりする」「こんな状態では何もできない」などです。それらのリハビリに付随するネガティブな感情を持つことを避けた結果、リハビリを妨げることにつながっていました。介入によって身体感覚や感情への気づきを高めるようなマインドフルな注意を学んだ彼らは、ネガティブな感情を受容し、リハビリ行動にコミットできるようになっていきました。リハビリに伴うネガティブ感情への対処と共に、リハビリ行動の増加・維持にもつながったのです。

最後に、メンタルヘルス全般へのマインドフルネスの効果を検討した研究を紹介します。快活なイメージのアスリートでも精神疾患になることがあるからです。たとえば、フランスのアスリートでは不安障害の割合がおよそ10〜16%であり（Schaal et al., 2011）、オーストラリアではおよそ46%が精神疾患の症状を一つ以上有している（Gulliver et al., 2015）ことから、我が国のアスリートも精神疾患の症状を同程度の割合で有している可能性があります。アスリートで検証された結果ではありませんが、マインドフルネスは、不安、抑うつ、怒り、心配などの心理的苦痛のレベルの低下に関連していることが明らかとなっており（Greeson, 2009）、アスリートのメンタルヘルスへの効果も期待できます。

3 技法の紹介

①ワードリピーティング

実際の例を以下に何例か紹介します。1つ目は「言葉の確からしさを下げる」という方法です。「不安だからプレーがうまくいかないんだ」という頭の中の想像が、現実のように感じられることがあります。その際には思考と現実を区別する必要があります。

たとえば怒りやすいコーチに指導を受けていると、コーチという言葉をひどく恐れて、コーチに怒られないような行動を毎回選択してしまうことがあります。実際には「コーチに怒られないような行動」ではなく、「パフォーマンスを向上させる行動」をとるべきです。そういった場合には、たとえば「コーチ」という言葉を繰り返して大きな声で言うことで言葉とイメージの関係性を崩す取り組みをする。繰り返して言ってみれば、単なる「コ」「オ」「チ」の三音だなと気づく。実際のコーチは常に怒っているわけではないし、現実を見て適切な行動をしましょう、というものです。

②感情の描写

2つ目の具体的な技法は、不快な感情に名前をつけ、詳細に描写する方法です。たとえばここでは試合前のプレッシャーに押しつぶされそうで、心臓の鼓動が速くなっている不快な感覚や感情に、「感情くん」と名付けます。次にその「感情くん」を取り出してじっと観察してみましょう。「感情くん」の色は？　形は？　重さは？　触感はどうでしょうか？　また、「感情くん」を取りだした際にどのような反応が生じるかもみてください。「嫌だ」「怖い」などという不快な反応がでてきたらそれにまた名前をつけて繰り返していきます。何の反応もなくなったら、最後にそれを自分の中に戻してみます。おかしなことのように思えますが、これがスムーズにできるようになると、不快な感情を〝そのままにしておく〟ことが上手になります。

③価値の明確化

アスリートがスポーツ場面でもっとも望んでいること（価値）が何であるかを明確にすることは大切なことです。価値を明確化する具体的な方法として、「自分が引退する時に親族やチームメイトに何とコメントしてほしいか」「また、彼らの頭の中をのぞけるとしたら、何と考えていてほしいか」を詳細に思い浮かべてみてください。これはあなたの競技人生における価値を反映します。

この価値の明確化をするときに、ウキウキしたりわくわくしたりといった有意義感を感じるものを価値に設定しているかどうかが重要です。たとえばチームの雰囲気やコーチからのプレッシャーなどの外発的に動機付けされるものは、アスリートがスポーツ場面でもっとも望んでいるものであるとは言えません。また、過去のスポーツ場面での失敗経験や現在の状況に左右されているのは、その時の不安や過度な緊張を回避することを考えているだけであり、スポーツ場面でもっとも望んでいるものであるとは言えません。この明確化ができていなければ、自分がすべき適切な行動が何なのかもわからないままです。

たとえばパフォーマンスを向上させたいと考えた時には、「適切な練習」をするというのが正しい行動ですが、不安に振り回されて不適切な練習をすると、オーバートレーニングになってしまいます。たとえば、先ほどの引退時にかけてほしい言葉として、「あなたのような選手がいてくれて良かった。たくさん見習うべき点があった」という言葉を思い浮かべたアスリートがいたとします。「あなたのような選手がいてくれて良かった。たくさん見習うべき点があった」と言われたいアスリートは、そう思ってもらえるように、試合や練習で堂々とした振る舞いをすることがゴールとなるかもしれません。そうすると、たとえば、試合中に厳しい展開になったときには、胸をはってチームメイトを鼓舞するという行動につながるかもしれませんし、どのような声掛けを他の選手が求めているのか、尋ねてみるという行動につながるかもしれません。

4　アスリートへの実践例

1例目

近年、筆者らは大学生選手を対象にマインドフルネスやACTを適用した事例研究を行っています。本節では2名の実践例を紹介します。1例目では4年制大学の体育会に所属する21歳男性を対象としました。キャプテン等の役職には就いていませんが、最高学年としてチームを率いる立場となり、コーチや監督といった指導者からはプレーで周囲を率いていくことを求められていました。この男性に対し、60分の介入を13セッション実施し、パフォーマンスを測定するためにアーチェリーの得点を記録しました。対象者は試合中に苛立ちや震えが生じることを自身の問題として挙げていました。『ACTをはじめる セルフヘルプのためのワークブック』（スティーブン・C・ヘイズほか、星和書店、2010）という、心理的な問題を抱える人がセルフヘルプのために使うワークブックを、スポーツ場面に置き換えて、抜粋しながら進めました。

たとえば、「白い消防車のエクササイズ」を用い、思考を抑制しようとしても、かえってその思考が生じる回数が増え、それに伴う感情も増幅するという思考抑制の逆説的効果を示しました。「真っ白な消防車のイメージをありありと思い浮かべてください。過去数日間、真っ白な消防車のことを、何回考えたことがありましたか？　空欄にその数を書いてください」という教示に対しての回答は0回でしたが、その後5分間「真っ白な消防車」を一瞬たりとも考えないように、最大限の努力をするようにという教示に対しての回答は5回と増えていました。次に普段抱えている心の問題から「過度な緊張は嫌だ」という問題についても同様のエクササイズを行い、同様の結果となっていました。この結果から、不快な思考が生じないようにすればするほど、かえってその思考が生じる回数は増え、感情も増幅するということを伝えました。対象者は「自分が今までやっていたのはこれだったんですね」と納得していた様子でした。その結果、介入前半と比較して後半の方が、得点の浮き沈み（バラツキ）が減り、安定したパフォーマンスを発揮できるようになっていました。対象者は試合を楽しむようになり、いらだつこともなくなったと報告しました。

2例目

2例目も同様に大学生アスリートでした。主訴としてあげられたのは、「突然体の感覚がわからなくなり、体が勝手に止まってしまう。力が抜けて入らない、腰が抜けた感じの姿勢になる」ことについて、どのように対処すべきかがわからないということでした。また、「（この状態になったときに）調子の落差にがっかりする、耐えられない気持ちになる」とのことでした。現在行っている対処方法としては、当該状態が出た場合には、コーチに状況を申し出て、練習を中断しているといいます。アスリートと面談を重ねていく中で「現段階では、どちらの方が良いと答えは出せない。状況を分析してから一緒に考えていく。まずは状態が出たときに1回で良いので、該当する動作に挑戦をしてみて、その時の身体の感覚や気持ちを記述してきてほしい。1回から2回、3回に増やそうとは現時点でしなくて良い。その後は負担の少ない別の動きの練習に変えても良い」と伝えました。それは、メンタルの不安や緊張をゼロにすることがゴールではなく、不安がある状態でも練習を続けられるようになることが良いと判断したからです。

したがって当該状態に陥らないような対処法を探すのではなく、当該状態になっても、もしくは当該状態になるかもしれないと不安を感じても、受け入れながら練習を継続できるようなエクササイズをいくつか実施しました。例えば、「この不安が魔法の力でゼロになったら、不安を抱えていなかったら、私は〇〇するだろう」の〇〇に当てはまるものを検討するというエクササイズに対しては「新しい技に挑戦するだろう」「積極的に練習時間を増やすだろう」と回答がありました。したがって、上記の問題がある状態であっても、練習時間を増やしたり、新しい技に挑戦する機会を増やしてみるのはどうかという提案をしました。これによって、当該状態になっても、もしくは当該状態になるかもしれないと不安になっても、それを無くす努力をするのではなく、パフォーマンス向上のためにできる行動を増やすよう確認しました。

筆者との話の中で、「気持ちに振り回されないように」というのを本人はキーワードとしており、意識して取り組んでいるようでした。筆者からは「(競技中のある動作が)できなかったという事実は受け止めるが、それに付随する評価(例:このままだと試合でもできないかもしれない。

不安で仕方がない）とは区別するようにしてみましょう」と提案しました。この「事実と評価を区別する」という点についても、アスリート自身が意識するようになり、度々報告されるようになりました。ある時は、練習環境の悪化により、練習実施のモチベーションが上がらないことが報告されました。筆者からは練習環境の大きい変化に対処できないのは当たり前のことであることや、事実と評価の話をしたように、「モチベーションが上がれば良い練習ができる」というわけではないことを確認しました。練習環境の悪化は一時的であるものの、長期的に機能する行動を増やし、先ほど述べた競技生活の価値の明確化をするために「もし自分が引退会見をするとしたら、何と言われたいか？」という話をしました。すると「良いときも悪いときもめげずに競技に限らずコツコツ頑張っていたよね」と言われたいということでした。そのように言われるためにはどんな行動をすれば良いか、またどれほど現在実行できているかなどを確認しました。「地味な練習も工夫して取り組む」「アップやクーリングダウンなどに丁寧に取り組む」などが具体的な行動として挙げられました。

本格的な試合シーズンに移ると、昨年度と比較し、地方の大会でも優勝するなど、試合において顕著なパフォーマンス向上の成果が見られました。主訴としてあげていた「突然体の感覚がわからなくなり、体が勝手に止まってしまう。力が抜けて入らない、腰が抜けた感じの姿勢になる」という状態が起こることが、全くないわけではないものの、発生頻度は低下し、発生した際でも今まで学んできたことを活用し、やり過ごせていると報告がありました。

また、試合での不快感情への1つの対処方法として、マインドフルネス瞑想を紹介しました。ネガティブな感情を回避するのではなく、現在に注意を向けることを目的としている点を強調し、呼吸をしている身体の感覚を感じ、呼吸をコントロールしようとしないこと、雑念が出てきてもかまわないことを強調しました。集中すると雑念は出てくるものであり、考えないようにするのではなく、雑念が出てきたことに気づき、心の中で雑念にラベルを張り、呼吸にふたたび注意を戻す。試合前など雑念で頭がいっぱいになっていることに気が付いた時の1つの対処方略としてとらえ、取り組んでもらうこととしました。現在まで3か月ほど取り組んでいますが、試合前に気が付いて取り組むと「ピッと戻る感じがする」とのことでした。未来の試合場面を想像し気持ちが右往左往していたのが、現在にハッと戻ってきた状態だといえます。5分弱しかその状態が続かないという報告が得られましたのが、時間を無理に増やそうとしなくて良いことを伝えました。

5　今後の展望

従来のメンタルトレーニングが適さないアスリートに、代替案としてマインドフルネスを用いた介入を提示することができる可能性があります。従来のメンタルトレーニングでは、不安や緊張といったネガティブな感情を様々な方法で低減し、ポジティブ感情を増加させることでパフォーマンスの向上を試みてきました。しかし、ネガティブな感情が低減し、自信のようなポジティブな感情が増加しても有意にスポーツパフォーマンスが向上しなかったという先行研究も見られ（例えばDaw & Burton, 1994）、従来のメンタルトレーニングで効果を感じることができなかったアスリートは一定数存在すると考えられます。従来のリラクセーションやイメージトレーニングにて効果が認められなかったアスリートに対して、代替案の1つとして提案できる可能性があると考えられます。

冒頭に述べたように、アスリートは実は心身の健康の維持が難しい環境にいます。本稿では述べられませんでしたが、精神疾患への罹患、物質依存やドーピング、バーンアウトやキャリア終了後のメンタルヘルス悪化、怪我からの復帰過程での心理的苦痛など、アスリートの心理的側面における問題は山積しています。アスリートのパフォーマンス向上はもちろんのこと、アスリートの心身の健康維持・増進にもスポーツ心理学の研究が大きな役割を担うことには疑いの余地がありません。今後はアスリートのパフォーマンス向上への適用だけではなく、怪我の予防や怪我をしたアスリートのリハビリのアドヒアランスの向上、体重制限を有するアスリートの月経前症候群時の食行動への渇望感への対処など、周辺にある問題についても、積極的に使用していければと思います。なぜならアスリートの価値を明確化し「不適切な行動を減らし、適切な行動を増やす」という点が大切なのはどんな問題を前にしても変わらないからです。

【引用文献】

Bernier, M., Thienot, E., Pelosse, E., & Fournier, J. F.（2014） Effects and underlying processes of a mindfulness-based intervention with young elite figure skaters: Two case studies. Sport Psychologist, 28, 302-315.

Bennett, J. & Lindsay, P.（2016） An acceptance commitment and mindfulness based intervention for a female hockey player experiencing post injury performance anxiety. Sport & Exercise Psychology Review, 12: 36-45.

Bluth, K. et al.（2015） Mindfulness-Based Stress Reduction as a Promising Intervention for Amelioration of Premenstrual Dysphoric Disorder Symptoms. Mindfulness 6, 1292-1302.

De Petrillo, L.A., Kaufman, K.A., Glass, C.R., & Arnkoff, D. B.（2009） Mindfulness for long-distance runners: an open trial using Mindful Sport Performance Enhancement（MSPE）. Journal of Clinical Sport Psychology, 3, 357-376.

Daw, J. & Burton, D.（1994） Evaluation of a comprehensive psychological skills training program for collegiate tennis players. Sport Psychologist, 8, 37-57.

Firoozi, R. et al.（2012） The relationship between severity of premenstrual syndrome and psychiatric symptoms. Iran J Psychiatry, 7, 36-40.

Forman, E. M., Butryn, M. L., Hofmann, K. L., & Herbert, J. D. 2009 An open trial of an acceptance-based behavioral intervention for weight loss. Cognitive and Behavioral Practice, 16, 223-235.

Gardner, F. L.（2009） Efficacy, mechanisms of change, and the scientific development of sport psychology. Journal of Clinical Sport Psychology, 3, 139-155.

Gardner, F. L., & Moore, Z. E.（2004） A Mindfulness-Acceptance-Commitment-based approach to athletic performance enhancement: Theoretical considerations. Behavior Therapy, 35, 707-723.

Gardner, F. L., & Moore, Z. E.（2006） Clinical sport psychology. Human Kinetics.

Gardner, F. L., & Moore, Z. E.（2012） Mindfulness and acceptance models in sport psychology: A decade of basic and applied scientific advancements. Canadian Psychology, 53, 309-318.

Greeson, J. M. (2009) Mindfulness Research Update: 2008. Complement Health Practice Review 14 : 10-18.

Grossman, P.et al.(2004)　Mindfulness-based stress reduction and health benefits A meta-analysis.Journal of Psychosomatic Research 57 , 35-43.

Gulliver, A.et al. (2015)　The mental health of Australian elite athletes. Journal of Science and Medicine in Sport, 18(3), 255-261.

Hardy, L., Jones, G., & Gould, D. (1996)　Understanding psychological preparation for sport: Theory and practice of elite performers. Wiley.

Hernández-López, M., Luciano, M. C., Bricker, J. B., Roales-Nieto, J. G., & Montesinos, F. 2009 Acceptance and Commitment Therapy for smoking cessation: A preliminary study of ts effectiveness in comparison with cognitive behavioral therapy. Psychology of Addictive Behaviors, 23, 723-730.

Josefsson, T., et al. (2019)　Effects of Mindfulness-Acceptance-Commitment (MAC) on Sport-Specific Dispositional Mindfulness, Emotion Regulation, and Self-Rated Athletic Performance in a Multiple-Sport Population: an RCT Study. Mindfulness, 10, 1518-1529.

Kaufman, K. A.et al. (2009)　Evaluation of Mindful Sport Performance Enhancement (MSPE): A new approach to promote flow in athletes. Journal of Clinical Sports Psychology, 4, 334-356.

Lutkenhouse, J. M. (2007)　The case of Jenny: A freshman collegiate athlete experiencing performance dysfunction. Journal of Clinical Sport Psychology, 1, 166-180.

Mahoney, J., & Hanrahan S. J.(2011)　A Brief Educational Intervention Using Acceptance and Commitment Therapy: Four Injured Athletes' Experiences. Journal of Clinical Sport Psychology, 5, 252-273.

McHugh, M. 2011 A new approach in psychotherapy: ACT (acceptance and commitment therapy)˙ World Journal of Biological Psychiatry, 12 (S1), 76-79.

Sappington, R. & Longshore, K. (2015)　Systematically reviewing the efficacy of mindfulness-based interventions for enhanced athletic performance. Journal of Clinical Sport Psychology, 9, 232-262.

Roemer, L., Orsillo, S. M., & Salters-Pedneault, K. 2008 Efficacy of an acceptance-based behavior therapy for generalized anxiety disorder: Evaluation in a randomized controlled trial. Journal of Consulting and Clinical Psychology, 76, 1083-1089

Schaal, K.et al. (2011)　Psychological balance in high level athletes: gender-based differences and sport-specific patterns. PLoS ONE, 6(5), e19007.

Schwanhausser, L. (2009)　Application of the Mindfulness-Acceptance-Commitment (MAC) protocol with an adolescent springboard diver. Journal of Clinical Sport Psychology, 3, 377-395.

Thompson, R.W.et al. (2011)　One year follow-up of Mindful Sport Performance Enhancement (MSPE) with archers, golfers, and runners. Journal of Clinical Sport Psychology, 5, 99-116.

Twohig, M. P., Hayes, S. C., & Masuda, A. 2006 Increasing willingness to experience obsessions: Acceptance and Commitment Therapy as a treatment for obsessive-compulsive disorder. Behavior Therapy, 37, 3-13.

Wicksell, R. K., Olsson, G. L., & Hayes, S. C. 2010 Psychological flexibility as a mediator of improvement in Acceptance and Commitment Therapy for patients with chronic pain following whiplash. European Journal of Pain, 14, 1059.e1-1059.e11.

Woodman,T. & Davis, P.A. (2008)　The Role of repression in the incidence of ironic errors. The Sport Psychologist, 22, 183-196.

ヘイズ、S・C&スミス、S（著）、武藤崇・原井宏明・吉岡昌子・岡嶋美代（訳）(2010)　ACTをはじめる セルフヘルプのためのワークブック、星和書店、(Hayes, S. C. & Smith, S. (2005)　Get out of your mind and into your life: The new Acceptance and Commitment Therapy. New Harbinger)

深町花子・石井香織・荒井弘和・岡浩一朗（2016）　大学生アーチェリー選手のパフォーマンス向上へのアクセプタンス&コミットメント・セラピー適用事例、行動療法研究、42(3), 413-423

深町花子ほか（2017）　スポーツパフォーマンス向上のためのアクセプタンスおよびマインドフルネスに基づいた介入研究のシステマティックレビュー、行動療法研究、43(1), 61-69

土井理美ほか（2015）女子大学生における月経観と月経前症候群との関連――マインドフルネス特性による緩衝効果、北海道医療大学心理科学部研究紀要、11, 35-49

第3章 ケガからの復帰

――ケガを通したこころの理解

鈴木敦
法政大学

1 はじめに アスリートにとってのケガ

本章では、アスリートのこころと身体のつながりについて、ケガを題材に記したいと思います。アスリートにとってのケガとは、競技力の停滞や競技引退につながる大きな問題事象のひとつになっています。そのため、ケガは単にアスリートの身体を傷つけるだけでなく、こころにも大きな影響を及ぼします。それ以外にもアスリート支援に関わっていると、こころの問題・課題がケガという身体症状を介して表現されると考えられる場合やケガの後に心理的な要因が影響して競技復帰が遅延していると考えられる場合もあります。このようにケガという問題事象を見た時に、「ケガによって心身に影響を与える」といった一面的な見方ではなく、「こころの問題・課題が身体（ケガの発生、痛みの増大、回復の遅延）に影響を与える」という側面からも考える必要があり、このような見方がケガを負ったアスリート（以下、受傷アスリート）の理解ならびに心理支援の充実につながります。以下の節では、ケガによる心身への影響（身体がこころに影響を与える側面）、ケガ（痛み）の心理的な意味（こころの問題・課題が身体に影響を与える側面）という2側面から、こころと身体のつながりについて論じ、受傷アスリートへの心理支援について記します。

2　ケガによる心身への影響

ケガはアスリートの身体だけでなく、こころにも影響を与えます。先行研究では、ケガによる身体的影響として、受傷部位の痛みのほかにも、筋疲労や不眠など（Weiss and Troxel, 1986）、心理的影響として競技意欲の低下や、不安、焦り、孤立感、失望感、抑うつ、疲労感の増大（鈴木・中込、2013）が報告されています。また、これらはケガ自体が影響を及ぼす場合もありますが、ケガに付随した様々な事柄もこころに影響を与えます。たとえば、レギュラーで出場していた選手にとってのケガは自分の地位を無くす可能性があるものとして受け止められるために不安や焦燥感を強めるかもしれませんし、スポーツをすることが生きがいになっている選手にとっては、自分の生きる価値を奪われたような体験になるために失望感や抑うつ感情を増大させるかもしれません。また、友人関係の多くを競技関係者によって構築しているアスリートにとっては、チームから離れてリハビリをすることによって孤立感を増大させるかもしれません。

これらは一例ですが、スポーツに傾倒していればいるほど、そして自分のアイデンティティの多くをアスリートである自分に依拠していればいるほど、ケガはアスリートの心身に大きな影響を与える可能性があります。このような場合はケガがバーンアウト（燃え尽き症候群）やドロップアウトだけでなく、精神疾患につながる危険性もあるといえます。

3 ケガの心理的な意味

ケガの心理的な意味に言及する前に、ケガの発生に関わる要因について先行研究を紹介します。Wiese-Bjornstal（2010）は、身体構成、成長・成熟、疲労・回復状態などの生物的要因、天候、医療的なケア、スポーツの種類やレベルといった物理的要因、ボディイメージ、完璧主義、コーピング（ストレス対処法）・回復の資源、気分状態といった心理的要因、社会的なプレッシャー、スポーツのルール・エチケット、組織的なストレス、コーチングの質などの社会文化的要因がケガの発生のリスクとなることに言及しています。いうまでもありませんが、ケガは心理的な問題だけでなく、種々の問題が重なり合って発生するということです。しかし、アスリート個人の心理を理解するためには、「ケガが身体のアンバランスによって発生した」といった因果論的な理解だけでなく、受傷アスリートのケガの発生した時期や状況、受傷した部位、受傷時のチーム内の状況、アスリートの心理的特徴などを踏まえて受傷体験を意味論（目的論）的にも理解する必要があります。つまり、ケガを負うことによって得たものは何か、ケガによって直面させられた心理的課題は何か、ケガを克服することが何につながるのかといったアスリート個人にとってのケガを負った意味も理解することが大切になります。これらはWiese-Bjornstal（2010）の研究を否定するのではなく、ケガの原因となる生物学的、物理学的、心理学的、社会文化的要因を理解することを前提とした上で、アスリートがケガを負った意味を考えることがアスリートの心理を深く理解するためには有用であると主張したいのです。以下にケガの心理学的な意味について言及します。

先にも述べたように、こころの問題・課題がケガをはじめとした身体症状として表現されることがあります。このような考え方は、精神医学の領域における心身症の考え方が参考になります。アメリカの精神医学会による精神疾患の分類と診断の手引き（Diagnostic and Statistical Manual of Mental Disorders：DSM）によると心身症（Psychosomatic disease）は、身体症状・疾患の発症・経過に心理的要因が好ましくない影響を与える病態であることが記されています（2019年時点で最新のDSM‐5ではPsychological factors affecting other medical conditionsに分類されていますが、DSM‐4の診断基準の方が明確であるため、ここでは1版前の情報を記しています）。心身症の例としては、不登校の生徒が朝の登校前にお腹が痛くなる（過敏性腸症候群）、過度のストレスによって偏頭痛に悩まされるなどが挙げられます。心身症の考え方を参考にすると、何らかのストレスがケガの発生や回復の遅延に影響を与えているといった見方や、ケガ（身体症状・身体疾患）も心理的な問題・課題が表出しているという見方をすることができ、身体症状を受傷アスリートの心理面に結びつけて理解することが受傷アスリートへの理解の深まりにつながっていきます。

具体的には、日常生活において大きな悩みを抱えているアスリートのケガは自身の大変さを身体症状を介して訴えている可能性もありますし、周囲から自身のことを理解されずにいるアスリートはケガを通して「自分のことをかまってほしい、気にかけてほしい」というメッセージを送っているかもしれません。このようなアスリートの場合は、たとえケガが治っていたとしても、自身の辛さが理解されない限りは痛みを訴え続ける可能性があります。

ケガのすべてが心身症と似たようなメカニズムで発症している訳ではありませんが、そのような視点からケガを見てみると受傷アスリートへの理解が深まり、心理支援への充実が期待できます。特に、必要以上にケガを頻発するアスリート、身体は完治しているのに復帰できないアスリート、不自然な痛みを訴えるアスリート、大事な試合の前にケガをしやすいアスリートなどは心理的な問題・課題をケガや痛みを通して訴えていると受け止めても良いのではないかと思います。

4　事例の提示

先に記したように、ケガはアスリートのこころにも影響を与えますし、こころの問題・課題がケガの発生や回復過程に影響を与える場合もあり、複数の視点からアスリートのケガを受け止めることが必要になります。本節では筆者の経験をもとに創作した事例を提示し、ケガを複数の視点から見て、受傷アスリートの心理面からの理解を試みたいと思います。

事例A〈女性、20代、右膝前十字靱帯断裂（全治10ヶ月）、対戦型個人競技〉

Aのケガは試合形式の練習で発生しました。競技で急激に方向転換をしようとした瞬間に膝をひねり転倒し、前十字靱帯を損傷しました。その後、病院に直行し、医者には全治8ヶ月だと診断されました。当時の彼女は練習に対してモチベーションが上がっていませんでした。練習には参加し、チームメイトと同じメニューをこなしているものの、自分の苦手とする動作が改善せずイライラを募らせていました。そして、そのことをコーチに指摘されるものの、コーチに直接意見することができずにいました。彼女はイライラした気持ちを発散できないためにプレーが雑になり、それを見たコーチからまた怒られるという悪循環に陥り、コーチとの関係が悪化していました。そのような状況下でケガをして練習から離れることになったため、コーチとの距離ができ、ぶつかることはなくなりましたが、関係が改善したとは言い難い状況でした。

彼女は、受傷してからしばらくの間は心理的に安定していましたが、競技が出来ない状況に加え、チームメイトが練習して力をつけてきている状況に直面し、「（復帰後に）メンバーから外されるのではないか」という不安から早く復帰したいという思いを強めていきました。そして、復帰への焦りからリハビリに対して過剰に取り組むようになっていきました。彼女はトレーナーに決められたメニュー以上に頑張ってリハビリを行い続けた結果、受傷部位の痛みが強くなっていきました。けれども、周囲からの制止の影響もあって彼女はリハビリを頑張りたい気持ちをなんとか抑え、リハビリも与えられた範囲内で取り組むようになっていきました。

その後、彼女は熱心にリハビリに取り組み、練習への部分的な復帰ができるようになりました。しかし、医者から言われた全治8ヶ月が近づこうとしていた頃、右膝（受傷箇所）を軸として動作をする際に痛みを感じ、再受傷の不安から完全復帰を果たせませんでした。身体的には、筋力や可動域にも大きな問題は認められず、受傷以前のレベルに近づいていました。ただ、特定の動作で痛みがあり、痛みのために自分を追い込むようなプレーができない彼女はモヤモヤした気持ちを強めていきました。受傷から9ヶ月が経過しても痛みの消えない彼女は、これまでトレーナーに従っていて言えずに溜まっていた不満や要望を本人に打ち明けました。トレーナーも彼女の話を聞き、そして話し合う機会を設け、お互いの意見をすり合わせていきました。その後は、トレーナーも彼女の意見を聞き、また彼女もトレーナーに思っていることを伝えるなどして2人でリハビリのメニューを決めながらリハビリに専心していきました。お互いの意見をすり合わせるようになって2週間程度で痛みは軽減し、練習にも段階的に復帰し、試合への復帰を果たしていきました。

本事例は実在した人物の事例ではありませんが、似たような状況にあるアスリートと接した経験のある読者も多いのではないでしょうか。上記の事例から受傷アスリートの心理面からの理解を試みてみましょう。

まず、彼女のケガによる心理的影響として競技できない状況やチームメイトの状況を見ることによる復帰への焦りがあります。読者もこのような反応は理解しやすいのではないでしょうか。先に示したように、受傷直後はこのような不安や焦りなどのネガティブな感情が表出されます。しかし、このような受傷後の反応は当然のことであり、支援者がネガティブな反応を早くなくしたほうがいい・すぐにポジティブな感情に変容させたほうがいいと考え、アドバイスを送ることによって、却って復帰を遅らせてしまうことがあります。このようなネガティブな感情の表出は次のステップに進むためには必要なことであり、ネガティブな感情の表出を通して、心理的安定に繋がっていくのです。

これは精神分析における喪の作業（mourning work）の考え方が参考になります。喪の作業とは、自分にとって大切な人物や仕事といった対象喪失後の反応として精神分析学者のフロイトが提唱した概念です。一見、競技とは関係ないように思われますが、競技に傾倒しているアスリートであればあるほど、ケガは自身の身体の一部や競技者としてのアイデンティティを失ったかのような体験（対象喪失体験）となるため、この概念を参考にして考えられるのです。以下にボウルビィが示した喪の作業の過程を援用して、受傷後にネガティブな反応を表出させることの必要性を記します。喪の作業は、①直後の無感覚になり、情緒的な危機に陥る無感覚・情緒の危機、②対象喪失を否認し、抵抗しようとする抗議・保持の段階、③事実を受け入れて絶望感を味わう断念・絶望の段階、④新しい関係・環境の中で再建が図られていく離脱・再建の段階という四段階を経ていきます。

この四段階を要約すると、無理にポジティブになることなく、悲しみ尽くしたのちに再建の過程があるということができます。そして、個人によってこのプロセスにかかる時間が異なっているため、支援者は上記のプロセスを理解し、本人が納得して前に進めるように待つこと、そして本人が受け止めて次に進めるように話を聴く姿勢も大切になります。つまり、支援者の経験や研究結果から受傷アスリートの気持ちを教科書的にわかった気になるのではなく、受傷アスリート個人個人の感情や体験を理解しようとする姿勢が大切になるといえるでしょう。

もう一度事例Aに戻り、ケガの心理的な意味という視点から見ていきましょう。彼女のケガを負った時期は、動作の習得が困難であるためにモチベーションが下がっていた時期、コーチとの関わりがうまくいっていなかった時期であり、競技への取り組み方や人間関係などを根本から見直すことが求められていた時期であったと考えることができます。それらを根本的に見直すためには、ケガを通して自分の身体やこころと向き合うことや長期的な休養（競技からの離脱）が必要だったのかもしれません。ケガをした彼女の右膝が競技遂行における軸足であったならば、ケガを負った意味を考えてみましょう。ケガをした彼女の右膝が競技遂行における軸足であったならば、ケガを「（心理的な意味でも）軸を壊して再建すること」という意味として捉えられるかもしれません。また、彼女のケガを負った靭帯が骨と骨をつなげる部位であるため、人と人とのつながり（人間関係）の課題を表出していると解釈できる可能性もありますし、靭帯は動きの可動域を制限する役割もあるため、ケガをした背景には自身の力を許容範囲を超えて発揮してしまったと考え、「自分の力を適切に調整して表出する」という課題を示していると解釈できる可能性もあり、これらの心理的な課題解決が求められていると考えることができます。

本事例をこのような視点から考えてみると、彼女の課題はリハビリ過程では解決されず、復帰直前になってふたたび痛みという形になって表出されたとも言えます。このような痛みの多義的な受け止め方について、鈴木（2018, 2019）は、三輪・中込（2004）を引用し、身体的な痛み（受傷部位の痛み）の訴えの背景には、心理的痛み（不安や焦りなど）、社会的痛み（疎外感や孤立感など）、スピリチュアルな痛み（競技者としての人生への問いなど）があることを指摘しています。この主張を参考に彼女の痛みの訴えを考えてみると、彼女の言えずに溜まっていた不満や思い、競技者としての悩みなどが痛みという形で現れたと読みとることができ、彼女は自身と他者の考えの相違による悩み（彼女の身体的な感覚とトレーナーのメニューとのギャップ）、そしてそれを直接トレーナーに伝えることのできない彼女の心理的課題、競技への主体的な取り組みの変容が迫られている状況を痛みの訴えによって代弁していると受け止めることができます。また、トレーナーに思っていることを伝えることができない彼女の課題は、受傷前のコーチとのコミュニケーションの不和とも関わりがあると考えることもできます。先に述べた彼女のケガと心理的課題がつながっていると考えると、このような彼女の心理的課題を解決することなく競技復帰することは困難であったと推察されます。

この痛みの表出を機に彼女はトレーナーへの不満を表出させ、それを契機にトレーナーと話し合い、自分の思ったことを相手に伝えながら協力してメニューを決めることによって、徐々に痛みが軽減していきました。つまり、彼女はトレーナーとの関係の中で、対人関係や競技における主体性の表出という課題を部分的に解消すること、もしくは課題解決への手がかりを摑んだことが、身体的な痛みの軽減につながっていったと考えることができます。彼女のケガは医者の全治8ヶ月という診断よりも長くかかったものの、心理的課題の解決を通して痛みの軽減や復帰につながっていったと考えると、ケガは彼女の心理的成長にとって必要なものであったのかもしれません。

筆者は以上のような主張を通して、「ケガがアスリートの心理的成長につながるために必要なことである」と言いたいのではありません。一見ネガティブに見える事象も見方を変えればアスリートにとって意味のある出来事になる可能性があり、そこを見出して関わっていくことがアスリートの心理支援に必要な視点となります。つまり、ケガを身体的な問題としてだけでなく、心理的な問題として理解し、受け止めることができれば、自然と支援者の受傷アスリートとの関わり方の水準も変わり、アスリート本人の心理面の変容にもつながっていくと考えられます。

もちろん受傷アスリートと実際に接してみると、本事例のようにうまく解釈できるとは限りませんし、受傷アスリートの訴えも日によって違うために理解の困難さを感じることもあると思います。そのような場合には、「理解できない」と切り捨てたり、「この場合は絶対こういう気持ちになっている」と教科書的に理解したりすることは慎まなければなりません。支援者としては大きな心理的エネルギーを使うことになりますが、常にわからなさを感じ、悩みながらも積極的に関わる、もしくは観察をすることによって、アスリートの心理面の理解につなげていく必要があるといえます。そのためには、わからなさに耐える力が必要となります。このような「どうにも答えの出ない、どうにも対処仕様のない事態に耐える力」あるいは「性急に証明や理由を求めずに、不確実さや不思議さ、懐疑の中にいることができる能力」をネガティブ・ケイパビリティ（negative capability）と呼びます（帚木、2017）。近年は、何かが起こったときにすぐに原因を明確にして、解決法を実行することが求められます。それ自体は悪いことではないのですが、特に対人援助においては問題を早急に解決することが難しかったり、表層の問題のみを捉えて深層にある本当の問題にいきつかなかったりすることも少なくなく、それが被援助者の可能性を奪ってしまっていることもあります。そのため、援助者はわからなさに耐え、問題の本質を見出し、被援助者の可能性を広げていくように支援することが大切になります。

以上をまとめると、ケガというひとつの身体症状をとっても、身体とこころはつながっており、様々なメッセージとして受け止めることができるといえます。ケガは身体的なアンバランスさや可動域の狭さ、競技場の凹凸や滑りやすさといった身体や環境要因の改善だけでなく、ケガをすることによってネガティブな情緒反応の表出につながるといった側面や、ケガを通して心理的課題の表出や解決につなげているという側面からも考えることが大切になります。先に示した事例のような視点だけでなく、負傷を頻発するようなアスリートは自分に注目して欲しいというメッセージ、試合前の大怪我は、大舞台で活躍するための心理的準備ができていないというメッセージ、試合のない時期の1、2週間のケガは心身への負担を軽くするための身体的・心理的な休養とも受け止めることもでき、受傷アスリートの心理的特徴、ケガの特徴・状況、その他環境要因なども加味しながら個人の理解につなげていくことが必要になります。

本章ではケガについて言及しましたが、ケガに関わらずアスリートの身体の訴えをアスリートの心理と重ねて理解しようとすることは非常に重要であり、このような見方をすることで周囲の支援者によるアスリートの心理面からの理解につながっていくのではないでしょうか。

最後に本書のタイトルである「アスリートのメンタルは強いのか?」という問いに対して、筆者のアスリート支援の経験や受傷アスリートへの研究・支援から私見を述べたいと思います。筆者は、アスリートのメンタルは必ずしも強いと言えないのではないかと考えています。鈴木(2014)でも一部述べられているように、アスリートは身体的(Physical)、心理的(Psychological)、精神的(Spiritual)にも追い込まれ、その結果としてケガをするという側面があります。ケガだけを対象とした調査ではありませんが、オーストラリアのアスリートを対象とした調査では、アスリートの27・2%がうつの診断基準を満たすと報告されていますし(Gulliver et al., 2015)、ドイツのサッカーリーグの引退した女性選手に対する調査では、32%が抑うつ状態であったという報告もあり(Prinz et al., 2016)、アスリートは心理的に追い込まれていると考えることができます。一方で、このような状況に耐えられる、あるいはこのような状況に直面させられるほどメンタルが強いということもでき、華やかさの裏に脆さを持ち合わせながら競技に取り組んでいると考えられます。アスリートを支援する上では、このような心性を理解しながら、個人を尊重することが大切になります。

【引用文献】

Weiss, M. R., & Troxel, R. K. (1986) Psychology of injured athlete. Athletic training summer, 21(2), 104-109.

鈴木敦・中込四郎（2013） 受傷アスリートのリハビリテーション過程におけるソーシャルサポート希求の変容、スポーツ心理学研究、40(2)、139-152

Wiese - Bjornstal, D. M. (2010) Psychology and socioculture affect injury risk, response, and recovery in high - intensity athletes: a consensus statement. Scandinavian Journal of Medicine & Science in Sports, 20, 103-111.

鈴木敦（2018） 受傷アスリートへの心理サポート、心理学と仕事13 スポーツ心理学、中込四郎（編） 太田信夫（監）、北大路書房、pp.49-62

鈴木敦（2019） スポーツ傷害からの回復期におけるメンタルサポート（特集 スポーツ傷害からの回復期におけるトータルサポート）、体育の科学、69(10), 726-730

三輪沙都子・中込四郎（2004） 負傷競技者の体験する〝痛み〟の事例的研究――Total Pain 概念による事例の分析を通して、スポーツ心理学研究、31(2), 43-54

帚木蓬生（2017） ネガティブ・ケイパビリティ 答えの出ない事態に耐える力、朝日選書

鈴木壯（2014） スポーツと心理臨床――アスリートのこころとからだ、創元社

Gulliver, A., Griffiths, K. M., Mackinnon, A., Batterham, P. J., and Stanimirovic, R. (2015) The mental health of Australian elite athletes. Journal of science and medicine in sport, 18(3), 255-261.

Prinz, B., Dvořák, J., and Junge, A. (2016) Symptoms and risk factors of depression during and after the football career of elite female players. BMJ open sport and exercise and medicine, 2, 1-6.

第4章 女性アスリートの三主徴

——回復した先まで見据えた支援

栗林千聡
国立スポーツ科学センター

1 はじめに

近年、女性アスリートの活躍は目覚ましく、オリンピックやパラリンピックへの出場を目指して日々練習に励むアスリートが増えています。一方で、本来は健康的であるはずのスポーツですが、勝つことが重要視されるスポーツ界での強いプレッシャーの影響により、アスリートの心身に悪影響を及ぼすケースが散見されます。女性アスリートのストレスに関する研究では、女性アスリートたちはハラスメント・差別、競技不振・競技環境、体型の維持・変化、ジェンダーバイアス、月経といった、競技以外においても多くのストレッサー（心や体に影響を与える外部からの刺激）を受けており、メンタルヘルスの問題を引き起こす可能性が危惧されています（煙山・尼崎、2013）。このような背景から、パフォーマンス向上を目指すことに加えて、アスリートのメンタルヘルスの問題への予防や治療は大きな課題です。

2　スポーツにおける相対的なエネルギー不足

２０１４年国際オリンピック委員会は、「スポーツにおける相対的なエネルギー不足(Relative Energy Deficiency in Sport：RED-S)」（運動による消費エネルギーに見合ったエネルギーが摂取できていない状態）は、代謝や循環器、免疫、発育、骨、月経等に影響を与えることを報告しています。さらにＲＥＤ－Ｓが持続すると、筋力、持久力、判断力、集中力の低下をもたらし、アスリートの本来のパフォーマンスを発揮できない状態へと進行します（Mountjoy et al., 2018)。

ＲＥＤ－Ｓに含まれる概念のうち、特に女性アスリート特有の問題とされる「女性アスリートの三主徴」への対応は喫緊の課題です。しかし、アスリート本人は自身の症状を認めない、または治療を受けることに対して相反する気持ちを持っていることがあります。月経が止まっているにもかかわらず、もっともらしい理屈を言い、競技を続けているアスリートもいます。競技をしていることがアイデンティティになっているアスリートは、勝負の世界から身を引くことにより心と身体にぽっかりと穴が開いたような感覚に陥ることもあります。

北米では１９８０年頃から、女性アスリートに初経発来遅延と無月経が頻発していることが問題視されるようになりました。アメリカスポーツ医学協会（American College of Sports Medicine：ACSM）は、摂食障害、無月経、骨粗しょう症の３つを女性アスリートの三主徴

（Female Athlete Triad：FAT）とし、警鐘を鳴らしました。2007年には、ACSMがFATを再定義し、摂食障害を「利用可能エネルギー不足」、無月経を「視床下部性無月経」と改め、利用可能エネルギー不足、視床下部性無月経、骨粗しょう症の3つをFATと呼びました（De Souza et al., 2014）。

一般的にFATは、パフォーマンス向上を目指す女性が減量し、食事制限をすることで、基礎代謝が低下して摂食行動の異常（むちゃ食い、嘔吐、下剤使用、食事制限）を増進させます。その結果、無月経となってエストロゲンが低下し、骨粗しょう症、さらには疲労骨折等の危険性が増大するといった経過を辿ります。利用可能エネルギー不足、視床下部性無月経、骨粗しょう症の3つの症状は、三角形で表されており、これらは長期にわたって相互に影響を受けます。健康的なアスリートの状態（最適な利用可能エネルギー、正常な月経周期、正常な骨密度）から、病的な状態（利用可能エネルギー不足、視床下部性無月経、骨粗しょう症）へは連続体になっており、相互に関係しながら移行していきます（De Souza et al., 2014；土肥，2018）（図）。

利用可能エネルギー不足

エネルギー摂取量から運動によるエネルギー消費量を引いたものは、利用可能エネルギーと呼ばれています。過剰な運動量にもかかわらず、食事が取れないまたは食事量が不足している場合は、利用可能エネルギー不足となり、身体の機能を維持することが難しくなっていきます。

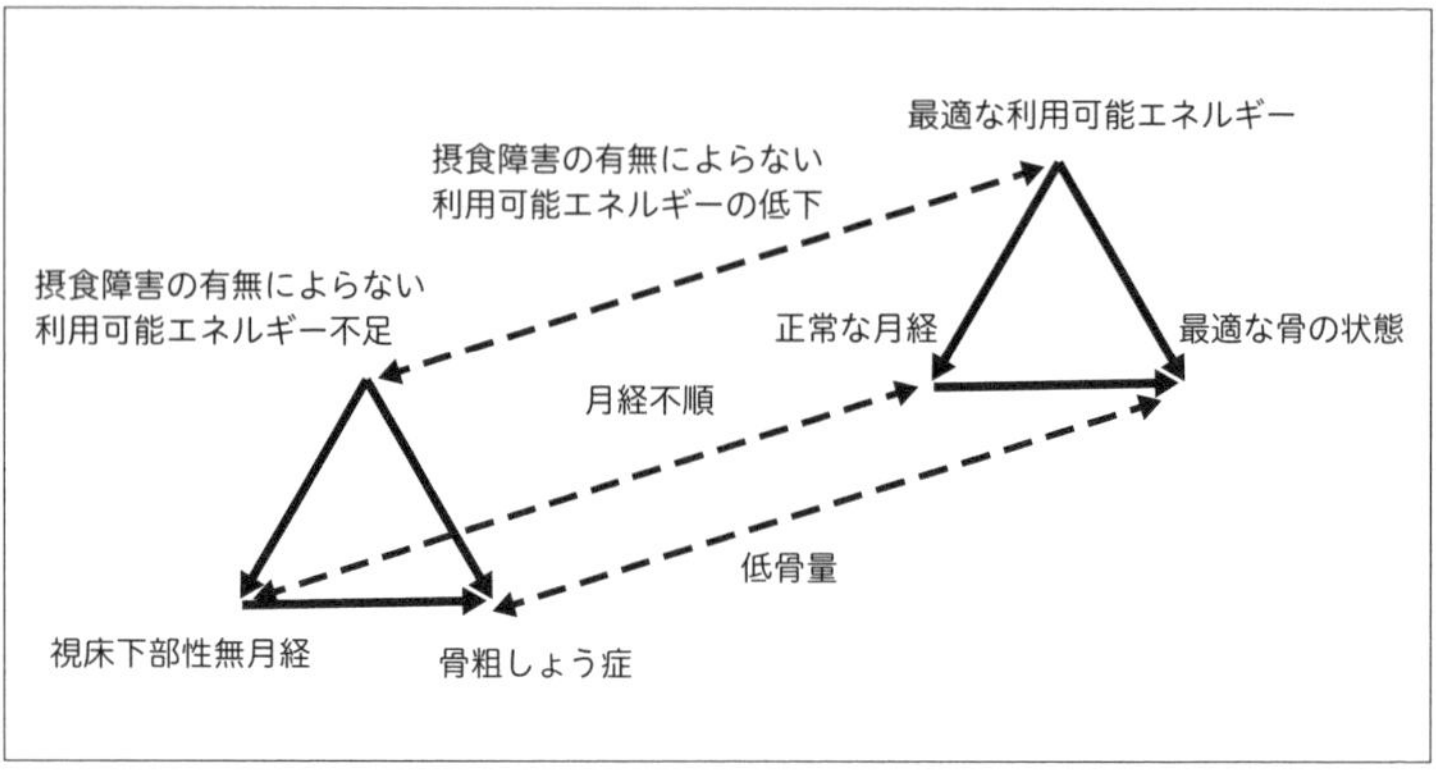

図　女性アスリートの三主徴（De Souza et al.（2014）；土肥（2018）より改変）

このような状態が持続することで、骨の健康、月経機能、内分泌系、代謝系、血液、免疫、心血管系、消化器などに影響を与え、心理面やパフォーマンスにも悪影響をもたらします（Mountjoy et al., 2018）。

よく体脂肪が減っていると喜ぶ女性アスリートがいますが、体脂肪を必要以上に減らしてしまうと、視床下部の働きが乱れて無月経になり、骨折のリスクを高めてしまいます。女性アスリートは月経周期の中で体重が変動しやすい特性があるため、一時点での体重変動に捉われすぎないことが大切です。1キロ単位の体重の増減に一喜一憂しているアスリートもいますが、月経前は女性ホルモンの働きによって基礎代謝が増え、体がエネルギーを必要とする時期のため、食欲が増加するのは当然です（須永、2018）。エネルギー不足を改善させるためには、食事量を増やすまたは運動量を減らすことで、体重増加を目指すことが必要です。わが国での明確な治療指針はありませんが、ACSMでは、最近減少した体重を回復させること、Body Mass Index（BMI）18・5以上あるいは標準体重の90％以上を目指すこと、1日最低2000kcal以上を摂取すること等が推奨されています（De Souza et al., 2014）。

視床下部性無月経

毎月月経が来るたびに、イライラする、落ち込む、身体が重くてパフォーマンスが上がらない…。月経によって心身のコンディションを保つことが難しく、「生理が来なくなった方が楽」と考えるアスリートは多いのではないでしょうか。しかし、無月経は生物としての極限状態のサインといわれています（須永、2018）。競技を辞めたら月経が再開するだろうと考え、競技を続けている間はこのままでいたいと安易に考えるアスリートがいます。しかし、競技を辞めても実際に回復に至るまでには長い時間を要します。月経は脳の中の視床下部からの指令によって開始されます。女性ホルモンは卵巣で分泌されますが、視床下部からの指令なしには分泌することができません。しかし、運動による消費エネルギーが多くこれに見合った摂取エネルギーが確保されないと、視床下部のコントロール機能が低下してしまい、女性ホルモンが分泌されにくくなり、月経が止まってしまいます（須永、2018）。運動量が多いことおよび低いBMIは、無月経のリスク因子になるといわれています（大須賀・能瀬、2016）。多くの場合は、突然無月経になるわけではなく、利用可能エネルギーが減るにつれて無排卵になり、月経不順、最終的に無月経になります。そのため、月経はあるけれど、基礎体温が二相にならない、月経の頻度や量が減っているという段階で改善することが重要です（須永、2018）。

わが国の大学生アスリートを対象にした調査によると、非運動女性と比較して、アスリートは無月経の割合が高いことが明らかになっています。地方大会レベル以上のアスリートでは、競技レベル間で無月経の割合に差は見られておらず、無月経はトップアスリートのみに起こる問題ではないことがわかっています。競技特性別での無月経の割合は、審美系競技（体操、フィギュアスケート等）や持久系競技（陸上、トライアスロン等）で最も多くみられており、低体重であることがパフォーマンスを発揮するときに有利になるためと考えられています（大須賀・能瀬、2016；Weinstein & Weinstein, 2012）。

骨粗しょう症

女性アスリートの疲労骨折は、無月経やBMIの低さと関係しています。卵巣から分泌されるエストロゲンが長期間低下すると骨量が低下し、骨粗しょう症につながる可能性があります。特に10代後半で長期の低エストロゲン状態が続いてしまうと、生涯にわたって骨密度が低くなってしまう可能性もあるため（能瀬ほか、2015）、10代で適切な体重を維持し、低エストロゲン状態をいかに回避できるかが重要になってきます。

競技特性別に行った調査によれば、無月経の割合が高い審美系、持久系競技で疲労骨折の割合が高く、これらは低体重を求められる競技であることが特徴的です（能瀬ほか、2014）。また、月経周期が正常なアスリートの疲労骨折の既往歴は11％であったのに対して、無月経のアスリートでは38％であり、月経周期が正常なアスリートと比較して約3・5％疲労骨折の既往歴の割合が高いことが報告されています（能瀬ほか、2014）。パフォーマンスを高めるためにただ痩せればよいと考え、自己判断で減量やトレーニングを行うのではなく、将来のことを視野に入れながら計画的に取り組むことが大切です。

競技に適した体重

英国政府が援助するスポーツ競技者のための組織UK Sportは、競技にとって最適な体重と普段の生活の中で保つべき体重には差異が出る可能性を報告しています。アスリートは自分の専門とする競技の中でパフォーマンスが最大限発揮できるように体重を調整しますが、パフォーマンスに最適な体重を長く維持することは、アスリートの心身の健康に悪影響を及ぼすことがあります。本人を含めたサポートチームの中では、パフォーマンスに最適と考える体重はそれぞれ異なるかもしれませんが、チームの中でリスクを管理し、最小限のリスクになるように話し合いながら決断することが重要です。

3　アスリートの摂食障害

摂食障害に苦しむアスリート

女性アスリートの三主徴が重篤化すると、摂食障害を発症することがあります。フィギュアスケーターとしてオリンピックで2度入賞し、豊かな表現力で多くの観客を魅了し活躍されていた鈴木明子さん。現役中に「生活のすべてを完全にコントロールしなければ」と思い詰め、徐々に食事がとれなくなった結果、摂食障害になったことを報告しています。当時の身長は161センチ、体重は32キロで、「幽霊のようにガリガリだった」と述べています（鈴木、2014）。

同じく、元女子マラソン日本代表の原裕美子さんも摂食障害に苦しんでいたことを報告しています。パフォーマンスを上げるために過度な体重制限を行った結果、月経が止まり、疲労骨折を何度も繰り返していました。摂食障害は、極端な食行動の異常を特徴とし、「太りたくない、痩せたい」という体重や体型に対する極端なこだわりや、太っている自分には価値がないと考えてしまう心理的背景があります。今日、鈴木明子さんや原裕美子さんのようなトップアスリートだけではなく、青年期から社会人まで幅広い年代や競技レベルのアスリートが摂食障害に罹患し、多くの方が苦しんでいます。

摂食障害の下位分類

米国精神医学会（APA）より刊行されたDiagnostic and Statistical Manual of Mental Disorders, 5th edition : DSM-5（American Psychiatric Association, 2013）の診断基準によると、摂食障害には下位分類があります。神経性やせ症（Anorexia Nervosa : AN）は、著しい低体重、体重増加に対する恐怖、ボディイメージの障害、自己評価に対する体重や体型の過剰な影響によって特徴づけられています。アスリートの場合は、体重が増えることを極端に恐れて、食べることと運動することで頭がいっぱいになります。コーチからみれば、自主的によく練習していて素晴らしいと受け取ってしまいがちですが、アスリート本人は「一度でも休むと太ってしまう。練習しなければならない」と考え、強迫的に練習しているケースも多いです。

神経性過食症（Bulimia Nervosa : BN）は、過食、体重増加を防ぐための不適切な代償行動（たとえば、下剤の乱用、自己誘発性嘔吐、過剰な運動）、自己評価に対する体重や体型の過剰な影響によって特徴づけられています。自分の外見を良くし、パフォーマンスを上げるためにダイエットに取り組みますが、どれだけ頑張っても満足できずに落ち込み、反動で食べ物をむちゃ食いしてしまいます。むちゃ食いをすることで一時的に不安や落ち込みを解消できますが、その後は罪悪感や羞恥心によって苛まれてしまいます。過食嘔吐をすることで体重増加が防がれ、一時的にパフォーマンスが上がりますが、長期的にみると心身の健康を損ね、パフォーマンスの低下を招きます。「食べている間は苦しい気持ちをすべて忘れられる」と考え、悪循環から抜け出せなくなってしまうのです。

4　摂食障害に対する支援

治療のプロセス

摂食障害は体重に関わらず、命の危険のある深刻な精神疾患です。死亡率はほかの精神疾患よりも高いことが明らかになっています（Arcelus et al., 2011）。Academy for Eating Disorders（AED）の医学的ケア基準検討委員会によって作成されたガイド（日本摂食障害学会、2016）によると、摂食障害の標準的な治療は、多職種のチームによって早期に発見され、適切なアプローチを行うことが推奨されています。適切な治療を行うための短期目標として、身体的安定を図ること、体重回復のために栄養回復を行うこと、再栄養療法とその際に誘発されるかもしれない合併症を管理すること、代償行動を修正することが挙げられています。まずはこれらの短期目標に配慮したうえで、心理社会的な安定などのその他の治療目標については、適切な時期に並行して取り組むことが重要です。

食べられない背景と気持ちに寄り添う

摂食障害の発症した原因を家族や本人のせいにしてしまうことがありますが、これは大きな誤解です。摂食障害は複雑な病理であり、その原因は一つではありません。家族や本人自らが摂食障害になることを選んだわけでもありません。家族やコーチ等、アスリートの一番身近にいる人は、回復するうえで大切なサポーターです。摂食障害に対する誤解や偏見があることで、周囲に症状を打ち明けることができず、罪悪感を抱えているアスリートがいます。摂食障害になると、アスリートは食べたくても食べられないことや、反対に食べたくないのに食べ過ぎてしまうことがあります。摂食障害に対する正しい理解や情報が社会に浸透しておらず、周囲の人は「なぜ食べられないの？　もっと食べないと勝てないよ」と安易に声掛けをしてしまいがちですが、アスリートはそれができないために苦しんでいます。摂食障害の治療では、無理に食べさせようとするのではなく、これらは病気の症状だと理解し、アスリートに寄り添う姿勢が大切です。

「摂食障害」と聞くと、それだけで避けてしまい、腫れ物に触るようにアスリートに接してしまうことがあります。人は知らない人やものに対して不安を感じて、回避してしまうことがあります。しかし、日常生活でコミュニケーションを積み重ね、相手の考えや行動を理解できれば、いつの間にか相手に対する不安が低減し、関係が深まった経験はないでしょうか。アスリートの摂食障害の有病率は、男性アスリートで0～19％、女性アスリートで6～45％であることが報告されており（Bratland-Sanda & Sundgot-Borgen, 2013）、社会全体からすると摂食障害に罹患しているアスリートはマイノリティです。摂食障害でない人はマジョリティに含まれるので、摂食障害に罹患せずに生活できていることに違和感なく過ごしているかもしれません。しかし、「自分の当たり前は、周りの人にとっても当たり前なのか」を改めて意識してみると、マイノリティの人が苦しんでいる環境に少しでも気づくきっかけになると思います。本節ではアスリートの摂食障害について述べていますが、疾患の境遇は同じだとしてもその他の環境や条件が異なれば、比較すること自体できませんし対応も異なります。アスリートは摂食障害の症状のみをわかってほしいのではなく、自分という人に興味を持ち、見ていてほしいのではないでしょうか。

居心地の良い場をチームで作る

摂食障害に罹患しているアスリートであったとしても、コーチやチームメイトが待っていてくれると思えたら、特に用はないけれど練習場へ行ってしまうと思います。一人で孤独を感じながら摂食障害の治療に臨むのではなく、どのような状況であっても自分には居場所があると思える方が回復は早いのではないでしょうか。今の状態が良くなって練習に復帰できたら、皆が待っていてくれるだろうな、楽しいだろうな、といった明るい希望をアスリートが持てるような場を皆で作っていきたいと思います。鈴木明子さんは回復のプロセスのなかで、当たり前のことができない自分でも母は受け入れてくれると思えたことが大きかったと述べています。病気になる前は「パーフェクトな自分でいないとお母さんや周りの人に嫌われちゃう」と思い込んでいたそうですが、ダメな自分をさらけ出した方が手を差し伸べてくれる人が現れると気づいたそうです(鈴木、2014)。

アスリートにとって結果を追い求めることは重要です。しかし、結果は操作できませんし、常にパーフェクトなアスリートでいることはできません。結果を求めるプロセスの中で何を考え、どのように取り組んできたのかに価値があると思います。周囲は結果のみに注目するのではなく、「どのような状態になってもあなたであることに変わりない」というメッセージを発信し続けて欲しいです。いつでも誰でも居られる場所。アスリートもチームメイトもコーチも医療従事者も、誰でも練習場に行けば居場所がある。勝つことを求められる過酷な競技生活の中では、失敗したり、怪我をしたり、様々なライフイベントにぶつかることがあります。そして、誰しも摂食障害になる可能性があります。どのような状態になってもスポーツを通じて居心地の良い場所があることは心強いですし、そのような場を作り上げていけることはスポーツの大きな価値だと思います。

5　回復した先にあるものを見据えて

治すことがゴールではない

チームで摂食障害の問題に取り組む中では、「摂食障害を治すこと」が目的になってしまうことがあるかもしれません。もちろん治そうとすることは重要です。しかし、症状を治すことばかり優先してしまうと、アスリートは息苦しくなってしまうかもしれません。摂食障害は体重さえ回復すれば治るとする意見がありますが、そのような単純なものではありません。摂食障害の背景には人格の病理ともいえる生きづらさがあることが指摘されていて、こうした生きづらさに対して温かく対応することが望まれています（永田、2019）。摂食障害の症状を治すことがゴールになってしまうと、〝良くなった後はどうなるんだろう〟とアスリートは不安になると思うのです。私がこれまで出会った人の中には、「摂食障害を治したい気持ちはあります。でもこの症状があることで、頑張らなくても周りが自分を心配して見てくれます。治ってしまったら、また頑張らないといけなくなってしまうし、心配してくれる人がいなくなってしまうのではないかと思うと怖いです」と話してくれたことがありました。この時、周りに自分を見てくれる人がいなくなることへの恐怖や不安が極度に強いことを実感し、回復した後まで視野に入れて考えないと、治療へのモチベーションは高まらないと感じました。

治療のプロセスの中で、周囲からは回復しているように見えることがあるかもしれません。そこで「こんなに回復してよかったね」と伝えたとしても、「こんなこと誰にでもできることだし、まだまだ自分は全然ダメ」と考える人もいます。これをアスリートがネガティブな考えを持っている、と短絡的に捉えてしまって良いのでしょうか。ネガティブな考えを持つアスリートとみるのではなく、このアスリートにとっての良くなることとは何を意味しているのかを考えることが大切だと思います。山上・下山（2010）は、治療はセラピスト（治療する人）が進みすぎないことが大切であり、「言えば立て、立てば歩めの親心」は非治療的。クライエント（治療を受ける人）が言ったら、言ったところで止まって考える。言わなくても、そこにいるだけでよかったと思うことが大切だと指摘しています。摂食障害の症状を治すことをゴールとするのではなく、その先にあるものを視野に入れながら、チームで安心して治療に取り組める環境を作っていきたいと思います。

人それぞれ今大切にしているものがある

あるアスリートは何より家族との時間が大切。あるアスリートは何より勝つことが大切。あるアスリートは学業に打ち込むことが大切。あるアスリートは人に喜んでもらうことが大切。その都度、状況や文脈によって、そのアスリートの大切にしているものの優先順位は変わると思います。たとえば、大切な人が病気になって命の危険がある時、試合で勝つことは大切ですが、今この瞬間は大事な人との時間を最優先したいと思うかもしれません。皆が同じ価値観の物差しではないため、目の前のアスリートが今大切にしているものに耳を傾け、話を聴いてほしいと思います。摂食障害を治すこと、勝ったことや負けたことのみに注目するのではなく、紆余曲折がありながらも、〝その先アスリートは大切にしているものに沿って良い方向に進んでいけそうか？〟、〝引退後も含めてアスリートは充実して過ごせそうか？〟そこまで想いを巡らせられるように、皆で考えていきたいと思います。

【引用文献】

American Psychiatric Association (2013) Diagnostic and Statistical Manual of Mental Disorders: DSM-5. American Psychiatric Association. [高橋三郎・大野裕(監訳)、染矢俊幸・神庭重信・尾崎紀夫・三村將・村井俊哉(訳)(2014)、DSM-5 精神疾患の診断・統計マニュアル、医学書院]

Arcelus, J., Mitchell, A. J., Wales, J., & Nielsen, S. (2011) Mortality rates in patients with anorexia nervosa and other eating disorders: a meta-analysis of 36 studies. Archives of general psychiatry, 68, 724-731.

Bratland-Sanda, S., & Sundgot-Borgen, J. (2013) Eating disorders in athletes: overview of prevalence, risk factors and recommendations for prevention and treatment. European Journal of Sport Science, 13, 499-508.

De Souza, M. J., Nattiv, A., Joy, E., Misra, M., Williams, N. I., Mallinson, R. J., ... & Expert Panel (2014) 2014 Female Athlete Triad Coalition Consensus Statement on treatment and return to play of the female athlete triad: 1st International Conference held in San Francisco, California, May 2012 and 2nd International Conference held in Indianapolis, Indiana, May 2013. British Journal of Sports Medicine, 48, 289.

土肥美智子(2018) 女性アスリートの三主徴(FAT)とは(特集 産婦人科医も知っておきたい 女性アスリートのヘルスケア:基礎知識から治療指針まで)、産科と婦人科、85, 387-392.

煙山千尋・尼崎光洋(2013) 女性スポーツ選手のストレッサーとストレス反応、Female Athlete Triad との関連、ストレス科学研究、28, 26-34.

Mountjoy, M., Sundgot-Borgen, J. K., Burke, L. M., Ackerman, K. E., Blauwet, C., Constantini, N., ... & Sherman, R. T. (2018) IOC consensus statement on relative energy deficiency in sport (RED-S): 2018 update. British Journal of Sports Medicine, bjsports-2018.

日本摂食障害学会（2016）　ＡＥＤレポート２０１６第３版〈日本語版〉摂食障害——医学的ケアのためのガイド

ＵＫスポーツ：スポーツにおける摂食障害日本語版 https://www.jafed.jp/pdf/uk-sports.pdf［２０２０年３月閲覧］

能瀬さやか・土肥美智子・川原貴（2015）　女性アスリートのヘルスケア 理学療法学、42, 838-839.

能瀬さやか・土肥美智子・難波聡（2014）　女性トップアスリートにおける無月経と疲労骨折の検討、日本臨床スポーツ医学会誌、22, 67-74

大須賀穣・能瀬さやか（2016）　アスリートの月経周期異常の現状と無月経に影響を与える因子の検討、若年女性のスポーツ障害の解析、日本産科婦人科学会雑誌、68, 4-15.

須永美歌子（2018）　女性アスリートの教科書、主婦の友社

鈴木明子（2014）　インタビュー：摂食障害になっても、絶対にスケートはやめたくなかった母が〝ダメな私〟を受け入れてくれるまで、婦人公論、99, 59-61.

永田利彦（2019）　摂食障害治療の基本問題——やせすぎモデル規制に向けて、心身医学、59, 225-231

Weinstein, Y., Weinstein, A.（2012）　Energy balance, body composition and the female athlete triad syndrome. Harefuah, 151, 97-101.

山上敏子・下山晴彦（2010）　山上敏子の行動療法講義 with 東大・下山研究室、金剛出版

第2部

アスリートのメンタル

――ジュニアアスリートの話題

第5章 親子関係

――ジュニアアスリートのペアレンティング

梅﨑高行
甲南女子大学

2019年秋、休み時間の校庭に、これまで見なかった光景を目にするようになりました。ラグビーをする児童の姿です。いや、さもありなん。あれだけのたたかいを繰り広げたラグビーです。子どもたちがやってみたくなるのも無理はありません。きっと間近に控えた五輪・パラリンピック後にも、似た風景が広がることでしょう。大会を自国開催する意義、それは、子どもがスポーツを始めるという一点に集約されるのかもしれません。

わが国の子どもとスポーツには、する子どもは過剰に、しない子どもはまったくしないという二極化の関係が見られます（文部科学省、2017）。この傾向は、青年移行期で顕著になるため、児童期からの習慣形成を目指した介入が精力的になされてきました（cf. 日本体育協会（監修）・竹中（編）、2010）。反対に言えば、しない子どものスポーツ開始はそれだけ難しく、W杯や五輪の自国開催は、かかる労を大いに減らすイベントとしても期待されるのです。この機を捉え、どの子どももスポーツの恩恵が享受できるようになれば望ましいでしょう。では、あらためてスポーツは、どのような面で子どもの発達に寄与すると言えるのでしょうか。

1 発達のコンテンツとしてのスポーツ

世代を超えて生活習慣病の発症が課題とされます。児童期も例外ではありません。また、まっすぐ走れない、転んだときに手が出ないといった、不器用な子どもの存在が指摘されて久しくもあります（中村、2011；杉原・河邉、2014）。スポーツには、まずもって子どもの運動発達を支え、身体の健康をもたらす機能が認められます。

近年では、情報を処理し、行動を制御する実行機能と呼ばれる脳のメカニズムに影響することで、スポーツが認知発達に役立つことを示す報告も見られます（東浦・紙上、2017）。今後の研究により、スポーツをすることが学習にも役立つことが明らかになれば、勉強が忙しく、スポーツに時間を割くことが難しかった子どもにとっても、スポーツはコンテンツとしての魅力を高めていくかもしれません。

もう一つは、社会性の発達です。社会情動的スキルという言葉をご存じでしょうか。社会への適応には、従来考えてこられたような認知的なスキル、いわゆる学力のみならず、「自分の感情をコントロールし、他者と協調しながら目標を成し遂げる」といったスキル、いわゆる社会性も重要であるといった報告によって周知となった概念です（Heckman, 2006）。社会性の発達に、スポーツが役立つことは経験的にも知られていますが、酒井・眞榮城・梅﨑・前川（2017）は、子どもと家庭を長期に渡って追跡する縦断調査の手法によって、このプロセスを明らかにしようとしました。ここでは、スポーツの萌芽と考えられる子どもの外遊び時間と、社会性を育む上で不利となる多動・不注意行動との関連が調べられています。その結果、4歳時点の休日の外遊び時間の長さや、遊びを通して経験される多様な身体活動が、5歳時点の多動・不注意行動を抑制するという結果が示されました。この結果について酒井ほか（2017）は、休日を家族で過ごし、外遊びを一緒にすることによって、新しい環境への適応が求められることや、また家庭外の振る舞いについて、親から繰り返し注意を受けるといった経験が、子どもの社会性を育むことにつながるのではないかと述べています。

2　継続と離脱のメカニズム（動機づけ理論）

前節では、これからスポーツを始めようとする子どもを念頭に、スポーツをしない子どもの問題を考えました。ここからは、もう一つのしない状態である、「やめ」にも目を向けていきます。児童期の子どもの約7割は、何らかのスポーツに取り組んでいるという報告もあり（ベネッセ教育総合研究所、2013）、むしろ問題は、こちら離脱の方にあるのかもしれません（文部科学省、2017）。

スポーツの参加と離脱を包括的に捉える理論として、動機づけ理論が知られます。この理論

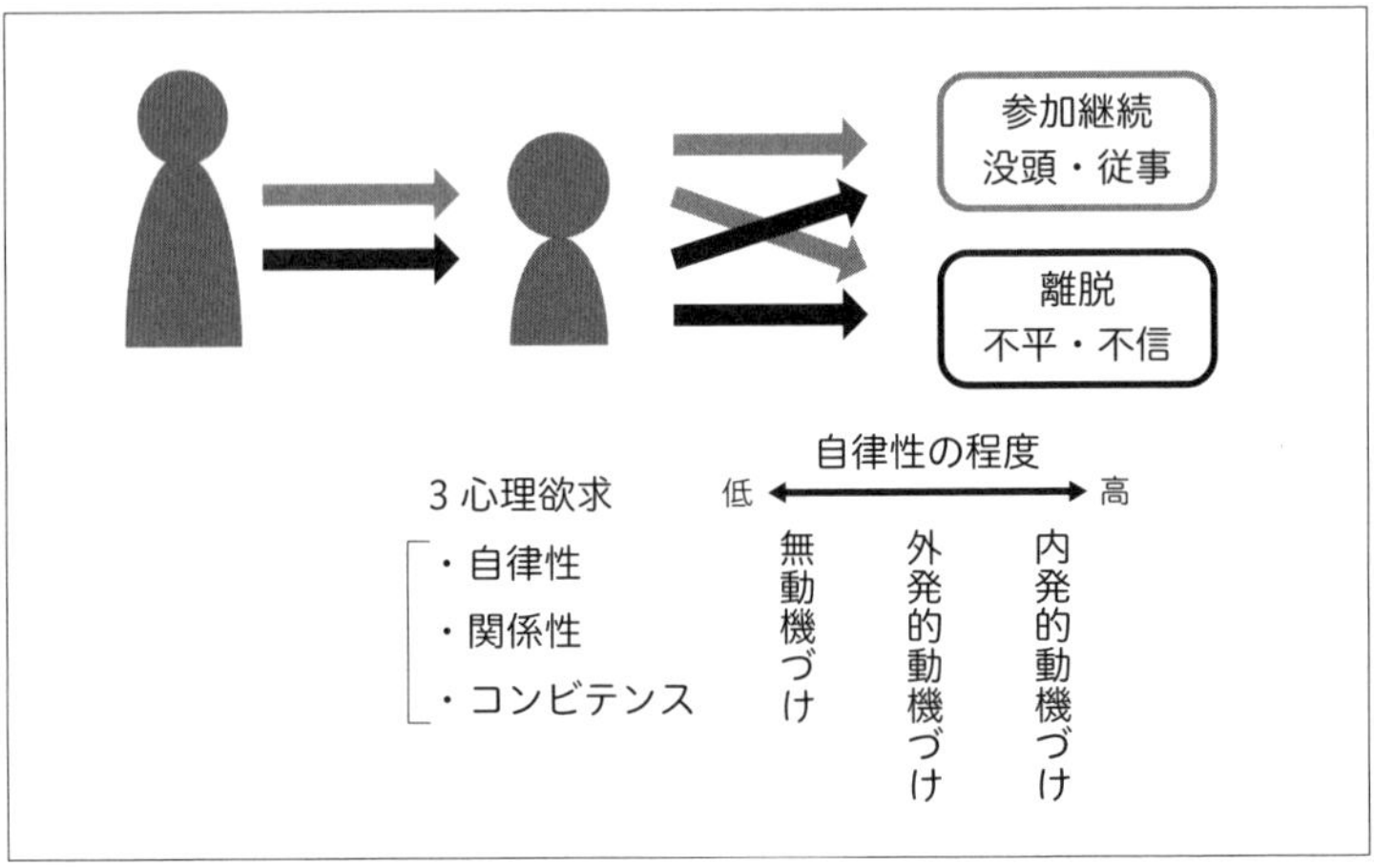

図1　SDT: Self Determination Theory モデル

を最も単純に説明すれば、行動に向かう内的な力（動機づけ）を仮定して、行動がその多少によって変わると考える理論と言えます。動機づけ理論では、こうした動機づけの量的な側面（動機づけの有無）とともに、質的な側面（動機づけの状態）に目を向けます。表面的には同じように見える行動であっても、自ら望んで行動しているのか（内発的動機づけに基づくのか）、あるいは他者から統制されて行動しているのか（外発的動機づけに基づくのか）では、得られる恩恵や困難に接した際のレジリエンス（精神的な回復力）が異なってくると考えられるからです。

中でもよく知られ、頻繁に用いられるのは、自己決定理論（以下、ＳＤＴ）と達成目標理論（以下、ＡＧＴ）です。まずＳＤＴでは、自律性の程度によって、低いレベル（他律／統制）から高いレベル（自律）まで、一連の動機づけプロ

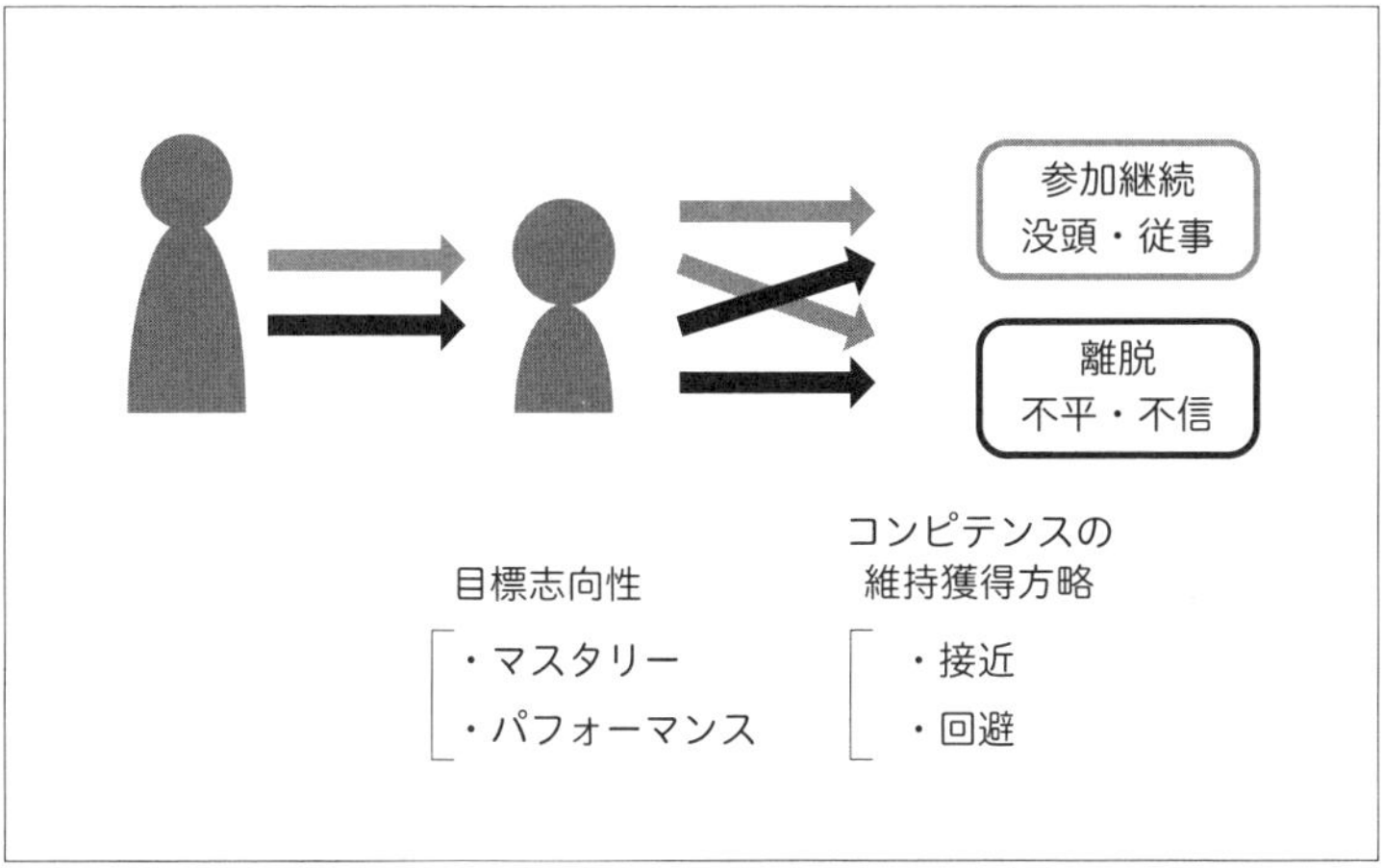

図２　AGT: Achievement Goal Theory モデル

セスを仮定します（図１）。動機づけの自律的な状態は、精神的な健康との関連が深いと考えられており、最も望ましい状態を内発的に動機づけられた状態と呼びます。動機づけは、自律性（行為の主体でありたい）・関係性（人とつながり、社会の一員でありたい）・コンピテンス（有能でありたい）の、３つの基本的な心理的欲求が満たされることで自律性の程度が高められていく（内発的に動機づけられた状態に近づく）と考えられるため、３つの心理欲求に影響する環境要因の働きについて、これまでにも数多くの研究が行われてきました（Deci & Ryan, 2000; Ryan & Deci, 2000）。

一方ＡＧＴでは、コンピテンスを得る基準として、自己と他者を仮定します。すなわち、自己を意識するタイプか、他者を意識するタイプかによってコンピテンスが満たされる条件が分

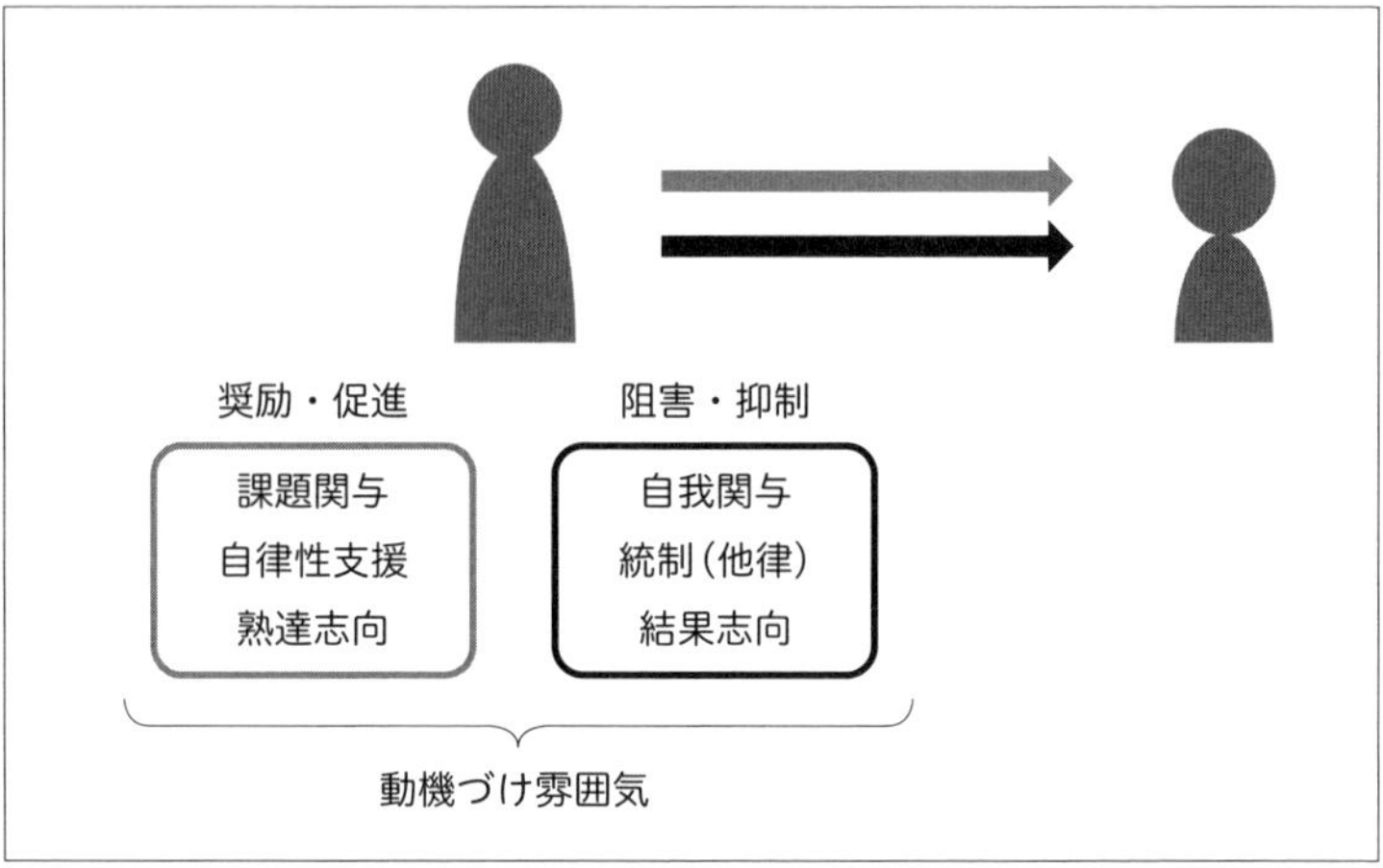

図３　環境要因としての動機づけ雰囲気

かれ、自分を超えることに重きを置くマスタリー目標と、他者を上回ることに重きを置くパフォーマンス目標の、２つの志向性が考えられてきました（図２）。失敗といったネガティブな事象に遭遇した場合でも、マスタリー目標下では、自分を超えるために努力や工夫を行うなど、コンピテンスの維持獲得を目指した接近行動が生起します。しかしパフォーマンス目標下では、他人と比べて劣ることの回避が目標となるため、失敗を恐れ、コンピテンスの維持獲得のために挑戦への回避行動が生起するのです。このためマスタリー目標を導く環境要因が、ＳＤＴ同様に重んじられています（Ames, 1992; Nicholls, 1989）。

これら環境要因は動機づけ雰囲気などと総称され、２つの理論では特に、この雰囲気を作り上げる人的環境としての動機づけエージェントに注目が集まります（図3）。主要なエージェントとしては、親、仲間、指導者の3者が考えられますが、児童期のスポーツ活動においては、このうち親の影響が最も大きいと言われています（Appleton, Hall, & Hill, 2011; Harwood & Knight, 2015; O'Rourke, Smith, Smoll, & Cumming, 2011）。子どもがコンピテンスを高め、健康的にスポーツに取り組むためには、家庭における楽しさを尊重する動機づけ雰囲気のもとで、失敗から学ぶプロセスが保障される必要があるのです。

3　動機づけエージェントとしての親

それでは具体的に、親による動機づけ雰囲気の影響を調べた研究を見てみましょう。Gershgoren, Tenenbaum, Gershgoren, & Eklund（2011）は、81名のサッカー選手（平均12・1歳）とその親の協力を得て、親の与えるフィードバックがキックにどう影響するかを実験しました。この実験では、選手に6本のペナルティキックを行ってもらい、一方で親はランダムに、熟達（マスタリー）に関するフィードバックを与えるグループと、結果（パフォーマンス）に関するフィードバックを与えるグループへ分類されました。こうして両者の関連を調査したところ、熟達フィードバックを受けた選手の方が、キックに取り組む姿勢を望ましいスタイルに変えることがわかりました。この結果により、児童期のアスリートが親から受けるフィードバックそのものの重要性はもちろん、その中身は、統制できない結果（成功したか否か）ではなく、統制可能な熟達（努力や工夫など、取り組みの姿勢）へと焦点化することの重要性が明らかにされました。

また O'Rourke, Smith, Smoll, & Cumming（2014）は、238名の水泳選手（平均11・9歳）を対象に、親の期待と選手の競技不安との関連を調べています。この研究では、1シーズンに3回のデータが収集される縦断調査が実施され、時間的に先行する要因（親の期待）が、後に生起する要因（選手の競技不安）にどう影響するのか、因果を明らかにするための分析が行われました。その結果、子どもに対する親の影響が、指導者よりも大きいことが明らかにされています。この結果を踏まえ、子どもが精神的に健康にスポーツに取り組むために、親が熟達的な動機づけ雰囲気を重んじることの重要性が見出されましたが、こうした親の動機づけ雰囲気をポジティブな期待と捉えるか、あるいはネガティブなプレッシャーと捉えるかは、子どもの受け止め方にもよります。そのため、動機づけ雰囲気を感じ取る側である、子どもの視点を考慮した支援が重要だと考えられています。

4 スポーツの特徴と親役割

先行研究が示す動機づけエージェントとしての親役割は、本質的にスポーツが、困難を伴う達成課題であるという特徴からも求められることです。

梅﨑・名取（2014）は、セレクションによって選ばれたプロサッカークラブ下部組織の小学6年生16名を対象に、彼らが普段の練習や試合でどのようなコーチングを受けているのかを観察しています。この研究では、選手を指導する指導者にワイヤレスマイクの装着を依頼し、そのコーチングを収集して、数量的・内容的な分析が試みられました。

その結果、選手に対する暗黙の能力評価に応じて、ネガティブ（例「〇〇（選手名）、お前ぃぃ加減せぇよお前、さっきからー」）かつ直接的（例「出ろ出ろ出ろ〇〇」）と分類されるコーチングの比率が異なり、結果が求められる試合状況においては、高く評価される選手に対してネガティブかつ直接的なコーチングが有意に増える結果が示されました。関連して同じく小学生年代の、サッカー選抜選手を対象とした調査においては、研究協力者の1／4に当たる27名が、暴言など指導者による暴力を経験していることが報告されています（梅﨑・酒井・眞榮城、2019）。

そこで誤解のないように申し添えておくと、梅﨑・名取（2014）で見られた指導の様子は、こうした暴力とはまったく性格を異にするものであるということです。指導者はモラルに従い選手をプロとして育てるべく、求められる価値や基準の内在化に努めており、一方で選手もコーチングを受け入れて、自らの目標に向かって挑戦しているのです。そして先んじて述べれば、この挑戦に誰もが成功できるわけではないことを、指導者も、そして選手本人も理解しています。スポーツにおける親役割は、子どもの発達に伴って競技性が増すほど、このような色合いを強める中で問われることになるのです。

5　エージェント間の役割分担

競技スポーツが困難を伴う達成課題であるからこそ、児童期にはアスリートを守る観点からの親役割が求められます。先に見たように、わが国では離脱の予防が課題であることから、青年移行期の発達にも目を向けた上で、児童期に求められる内容を吟味する必要があるでしょう。

Atkins, Johnson, Force, & Petrie（2015）では、専門種目をもち、それに取り組む12～15歳の男子アスリート４０５名を対象に、マスタリー目標とスポーツの継続意志との関連を調査しました。予断を持たず変数間の関連を試行的に分析したところ、親、仲間、指導者による熟達的な動機づけ雰囲気が選手のマスタリー目標を支え、自己肯定感、コンピテンス、楽しさを媒介して継続意志に至る変数の経路（モデル）が、統計的な解析によって明らかにされました。このモデルでは、児童期から思春期へ心身を大きく成長させる子どもへの、親と仲間の影響の大きさが示されていると考えられます。

Amorose, Anderson-Butcher, Newman, Fraina, & Iachini（2016）では、平均15・8歳のアスリート３３５（このうち女子２０９）名を対象に、父、母、指導者による3者の相互関係を調査しました。自己決定的な動機づけに対する3者の影響力の大きさを比較した結果、たとえ指導者の関わりが他律／統制的であっても、父親と母親が自律的な支援を行うことで緩衝効果が働き、アスリートの自律的な動機づけが十分に維持されるモデル（緩衝モデル：一方が一方の不足を補うモデル）が示されています。

こうした効果について、2つのモデルの比較によって白黒をはっきりさせようとした研究もあります。Gaudreau, Morinville, Gareau, Verner-Filion, Green-Demers, & Franche（2016）は、サッカー選手46名（平均12・4歳）と体操選手85名（平均12・7歳）を対象に研究を行い、緩衝モデル以外に相乗モデル（互いに影響を高め合うモデル）を仮定して、スポーツを通して選手が受ける心理的恩恵に対する、親と指導者による支援の相互関係を確かめています。両モデルの比較からAmorose et al.（2016）とは対照的に、自律性を支援する親の関わりが不十分でも、指導者の関わりが自律性支援であれば、選手が受ける心理的恩恵は保障されるという緩衝モデルに軍配が上がりました。

したがって、これら先行研究を統合しても、一致した見解を導くことは今のところ難しいようです。ほかにBeck, Petrie, Harmison, & Moore（2017）でも、13競技のアスリート599（このうち男子309）名（平均16・2歳）を対象に、親、仲間、指導者による熟達志向的な動機づけ雰囲気と、アスリートのメンタルタフネスとの関連が調査されました。関連の強さを調べる分析の結果、大人（親と指導者）の熟達的な雰囲気がアスリートのマスタリー志向性を介し、メンタルタフネスに通じる説明経路（モデル）が確認されています。この結果を加味しても、自律性を支える大人の熟達的な動機づけは基本的に重要であり、少なくとも親か指導者のどちらかには、そうした関わりが必須であると言えます。もちろん両者ともに自律性支援であることが好ましいわけですが、梅﨑・名取（2014）で見たように、選手と指導者は協働して困難な達成課題に挑戦していますから、一歩引いた立場でこの役割を全うできる親こそが、自律性支援の最適なエージェントであり、子どもを守る砦だと言えるのかもしれません。ただし、O'Rourke, et al.（2014）が示唆したように、こうした場合にも子どもの視点を考慮することが求められます。Harwood（2016）も、子どもが感じ取る親の動機づけ雰囲気が、心配を助長するタイプかあるいは結果主義的なタイプである場合に、子どもがパフォーマンス志向であると、特性不安が高まり離脱行動が生じやすくなることを明らかにしています。これらの知見に示されるように、親の動機づけ雰囲気が客観的にどうであるかはもちろん大切ですが、それが子どもにとってどうかという側面からも、その中身を議論していく必要があるでしょう。

6　ペアレンティングの困難

このように見てくると、子どものスポーツは親にとっても、困難を伴う達成課題だと言うことができそうです。

たとえばKnight & Holt（2013）は、児童期からテニスを始め、平均4・5年の競技歴をもつ選手（平均13・1歳）の親40組にインタビュー調査を実施しました。収集された語りを分類することによって、児童期のテニス環境にも改善すべき状況があり、問題に対処する上でスポーツ・ペアレンティング教育（成績や結果のみに価値を置き、それを目指して子どもを統制するスタイルではなく、子どもの主体性を重んじ、課題への挑戦・努力や熟達を支える養育に向けた教育）の必要性があると述べています。また Dorsch, Smith, & McDonough（2015）は、サッカーを始めた5〜6歳児の親4組を、サッカー開始から15ヶ月に渡って調査し、インタビュー以外にも日記の回収やペアレンティングの観察を行って、子どものスポーツ参加が親にもたらす影響を検討しています。分析の結果、スポーツ参加は子どもを社会化するばかりでなく、親の成長も助ける可能性が示唆されましたが、この条件として、家族のコミュニケーションを増やし、親役割を受容すべく努める、親の努力が要請されるとしています。

わが国でも、子どものスポーツを実質的に支える母親の困難が指摘されています。藤後・三好・井梅・大橋・川田（2018）は、地域のスポーツ活動を経験した子どもの母親8名を対象に、インタビューによってネガティブな体験に迫りました。語りの内容に着目して試行的にその内容を整理した結果、母親のネガティブな体験は「子どもの競技活動に関する問題（例：子どもが試合に出られない）」や「指導者に関する問題（例：指導者の暴言や罵声への不快感）」など、6カテゴリー28概念に渡るものとして抽出されました。藤後ほか（2018）によれば、レギュラーか否かが明確になる小学4年生頃から、困難に伴う葛藤が母親に増えはじめます。そのためこのときに備えて、子どもが自ら問題に対処し、解決していく能力の醸成も視野に、親の抱える困難に焦点化したスポーツ・ペアレンティング教育の推進が求められると議論しています。これらスポーツ・ペアレンティング教育の必要性は、子どもの視点に基づく動機づけ支援を主張するHarwood（2016）でも言及されています。

7 ちょうどよさの観点

前節では、スポーツ・ペアレンティングという言葉が何度か登場しました。ここで、この言葉と関連が深いスポーツ・コーチングに目を向ければ、イギリスなどで展開されるＰＡＰＡ（青年期を対象とした身体活動に基づく健康促進プロジェクト）（Cuda, 2013）などにも見られるように、子どもがスポーツの恩恵を受けるために体系化され、これを学ぶコーチのための教育プログラムとして整えられています。もちろん筆者も、こうしたプログラムがコーチばかりでなく、スポーツをする子どもの親にとっても有用だという主張に賛同しないわけではありません。しかし、スポーツ・ペアレンティング教育の必要性が唱えられるこうした風潮に対し、少し踏みとどまって議論したいのは、スポーツをする子どもをもつことは、親にとってそれほど特別なことかという点です。

佐々木（2009）は小学生から高校生まで、平均10・7歳の水泳選手とその母親および父親の３者データが揃った３６２家庭のデータを用いて、水泳に対する子どもの意識、コンピテンス、そして自己受容感に影響する父母の影響を検討しています。変数の関係を検討した結果、子どもの自己受容感（例「今のままの自分にとても満足している」）を支えるのは水泳への意識（例「スイミングが好きである」）であり、また間接的にはコンピテンス（例「泳いだことがない種目でもうまく泳げると思う」）であることが示されましたが、こうした子どもの受け止めは、子どもの水泳に対する父親の行動に支えられることが明らかとされました。ここでの行動とは、「テレビ放映の水泳番組・水泳大会等を録画して子どもと一緒に見ている」や「子どもが水泳大会に出る時は、会場がどんなに遠方でも必ず応援に行く」などの応援・支援行動を指します。つまり子どもは、お父さんが一緒にビデオを見てくれたり、応援に来てくれたりすることで水泳に対する意識を高め、子ども期を生き生きと生きているのです。

加えて佐々木（2009）は、父親の応援・支援行動に、「子どもが一流の水泳選手になることが自分の生きがいである」などといった父親の意識も関連することを明らかにしています。しかし、こうした父親の意識は子どもの意識には直接関係せず、すなわち、親の心子知らずとでも呼び得る状態であり、父親がそう思うことは、あくまで父親自身の行動を支える条件に過ぎないという結果も示しています。この結果は大変示唆深いもののように思われます。なぜなら佐々木（2009）は、これらメカニズムの背後に母親が評価する子どもへの夫婦協力（例「子どもの育て方について配偶者とよく話し合う」）の存在も見出していますが、これらを総合的に勘案すると、子どものスポーツを支えるのは過度な期待ではなく、単純な応援・支援行動や一般的な夫婦関係であることがうかがえるからです。

また梅﨑・酒井・眞榮城・室橋（投稿中）は、2時点（1時点：X年、2時点：X＋1年）の調査に参加した小学生サッカー選手とその親95家庭（子ども平均10・9歳、親平均40・6歳、いずれも第2時点）を対象に、サッカーに対するコンピテンスと向社会性の発達に対して、家庭における日頃の養育態度がどのように関わるのかという点から分析しています。この研究で試みられたのは、スポーツの世界で頻繁に取り上げられる、「スポーツが社会性を育むのか、それとも社会性がスポーツで成功する鍵なのか」といった命題を検証することです。この命題に対し、家庭の養育態度を（1）養育者主導型（権威を振りかざし、統制する子育て）と、（2）子どもの自律性尊重型（子どもに委ね、見守る子育て）の2つのタイプに分類し、関連が見られるかについて、縦断的な手法を用いて検討されました。その結果、現時点のコンピテンスならびに向社会性が、将来のコンピテンスならびに向社会性の高さを導く点に、養育タイプによる差は見られませんでした。しかし、自律性尊重の養育タイプ下では、向社会性が向社会性のみならず、将来のコンピテンスもポジティブに導く結果が得られ、この関連は、養育者主導の養育タイプ下では確認されませんでした。以上から、子どもがサッカーでコンピテンスを維持獲得する条件として向社会性の高さがあり、その前提として、家庭における自律性尊重の養育態度が求められると言えます。

以上を総括すれば、スポーツをする子どもの支援で重要なことは、ごく一般的なペアレンティングであり、スポーツ・ペアレンティングと呼ばれるような特別なペアレンティングではない点が示唆されているように思われます。

筆者は五輪・パラリンピックに対し、大いなる期待の一方で特別なペアレンティング、すなわち統制的でパフォーマンス志向的なペアレンティングが助長されるのではないかという危惧を抱いています。おそらく大会では、多くのアスリートが活躍し、子どもたちに夢や目標を与えることでしょう。メディアでは多くの特集が組まれ、活躍したアスリートの生い立ちや家族の支えについても紹介するに違いありません。筆者もこうした情報を興味深く視聴する一人ですが、たとえばメダルを取った○○選手と同じように私が接すれば、私の子どももメダルを取ることができるのでしょうか。行動遺伝学的な見地から述べれば、「それはわからない」が正解です。取るかもしれませんし、取らないかもしれません。このことは、あえて行動遺伝学など持ち出さずとも誰にでも明白なことですが、子どもを思う親はその思いがゆえに、ときにメディアの情報に振り回されてしまう可能性があります。そこで、あらためて親である私たちが考えたいことは、○○選手とは異なる個性の持ち主であるわが子にとって、そうした関わりがちょうどよいかどうかを検討することではないでしょうか。

終わりに、スポーツをする子どものペアレンティングを調査する過程で筆者が聞いた、某Jリーグ下部組織のエピソードを紹介します。狭き門をくぐり抜け、プロになったある選手の父親は、組織統括者との面談でこう話したそうです。「私はサッカーはわかりません。息子がやりたいなら応援するだけです」。子どもを信じ、自律性を支援するペアレンティングとは、とどのつまりそういうことかもしれないと考えています。

【引用文献】

Ames, C. (1992)　Classrooms: Goals, structures, and student motivation. Journal of Educational Psychology, 84, 261-271.

Amorose, A. J., Anderson-Butcher, D., Newman, T. J., Fraina, M., & Iachini, A. (2016)　High school athletes' self-determined motivation: the independent and interactive effects of coach, father, and mother autonomy support. Psychology of Sport and Exercise, 26, 1-8. doi.org:10. 1016/j.psychsport.2016.05.005

Appleton, P. R., Hall, H. K., & Hill, A. P. (2011)　Examining the influence of the parent-initiated and coach-created motivational climates upon athletes' perfectionistic cognitions. Journal of Sports Sciences, 29, 661-671. doi:10.1080/02640414.2010.551541

Atkins, M. R., Johnson, D. M., Force, E. C., & Petrie, T. A. (2015)　Peers, parents, and coaches, oh my! The relation of the motivational climate to boys' intention to continue in sport. Psychology of Sport and Exercise, 16, 170-180. doi.org:10.1016/j.psychsport.2014.10.008

Beck, N., Petrie, T. A., Harmison, R. J., & Moore, E. W. G. (2017)　Parent, coach, and peer created motivational climates: relationships to goal orientations and mental toughness. International Journal of Sport Psychology, 48, 185-205. doi:10.7352/IJSP.2017.48.185

ベネッセ教育総合研究所（2013）　学校外教育活動に関する調査２０１３データブック

Deci, E. L., & Ryan, R. M. (2000). The “what” and “why” of goal pursuits: Human needs and the self-determination of behavior. Psychological Inquiry, 11, 227-268.

Dorsch, T. E., Smith, A. L., & McDonough, M. H. (2015)　Early socialization of parents through organized youth sport. Sport, Exercise, and Performance Psychology, 4, 3-18. doi:10.1037/spy0000021

Duda, J. L.（2013） The conceptual and empirical foundations of empowering coaching: setting the stage for the PAPA project. International Journal of Sport and Exercise Psychology, 11, 311-318.doi.org:10.1080/1612197X.2013.839414

藤後悦子・三好真人・井梅由美子・大橋恵・川田裕次郎（2018） 地域スポーツに関わる母親のネガティブな体験 心理学研究, 89, 309-315

Gaudreau, P., Morinville, A., Gareau, A., Verner-Filion, J., Green-Demers, I., & Franche, V.（2016） Autonomy support from parents and coaches: synergistic or compensatory effects on sport-related outcomes of adolescent athletes? Psychology of Sport and Exercise, 25, 89-99. doi.org:10.1016/j.psychsport.2016.04.006

Gershgoren, L., Tenenbaum, G., Gershgoren, A., & Eklund, R. C.（2011） The effect of parental feedback on young athletes' perceived motivational climate, goal involvement, goal orientation, and performance. Psychology of Sport and Exercise, 12, 481-489. doi:10.1016/j.psychsport.2011.05.003

Harwood, C. G., & Knight, C. J.（2015） Parenting in youth sport: a position paper on parenting expertise. Psychology of Sport and Exercise, 16, 24-35. doi.org:10.1016/j.psychsport.2014.03.001

Harwood, C. G.（2016） Parental support in youth sport: a case of optimizing the motivational climate. In R. J. Schinke, K. R. McGannon, & B. Smith（Eds） Routledge international handbook of sport psychology（387-398）. London: Routledge.

Heckman, J. J.（2006） Skill formation and the economics of investing in disadvantaged children. Science, 312, 1900-1902.

東浦拓郎・紙上敬太（2017） 子供の体力と学力・認知機能の関係 Journal of Health Psychology Research, 29, 153-159. doi:10.11560/jhpr.160822049

Knight, C, J. & Holt, N.（2013） Factors that influence parents' experiences at junior tennis tournaments and suggestions for improvement. Sport, Exercise, and Performance Psychology. 2. 173-189. doi.org:10.1037/a0031203

文部科学省（2017）スポーツ基本計画 Retrieved from http://www.mext.go.jp/a_menu/sports/plan/［２０２０年３月閲覧］
中村和彦（2011）運動神経がよくなる本――「バランス」「移動」「操作」で身体は変わる！ マキノ出版
Nicholls, J. G.（1989）The competitive ethos and democratic education. Cambridge, MA: Harvard University Press.
日本体育協会（監修）・竹中晃二（編）（2010）アクティブ・チャイルド 60min. ――子どもの身体活動ガイドライン サンライフ企画
O'Rourke, D. J., Smith, R. E., Smoll, F. L., & Cumming, S. P.（2011）Trait anxiety in young athletes as a function of parental pressure and motivational climate: Is parental pressure always harmful? Journal of Applied Sport Psychology, 23, 398-412. doi:10.1080/10413200.2011.552089
O'Rourke, D. J., Smith, R. E., Smoll, F. L., & Cumming, S. P.（2014）Relations of parent- and coach-initiated motivational climates to young athletes' self-esteem, performance anxiety, and autonomous motivation: who is more influential? Journal of Applied Sport Psychology, 26, 395-408.
Ryan, R. M., & Deci, E. L.（2000）Self-determination theory and the facilitation of intrinsic motivation, social development, and well-being. American Psychologist, 55, 68-78. doi:10.1037//0003-066X.55.1.68
酒井厚・眞榮城和美・梅﨑高行・前川浩子（2017）子ども期の社会性の発達に関する縦断研究プロジェクト（16）――幼児期の身体運動と認知・言語能力評価との関連、第14回子ども学会議プログラム・抄録集
佐々木卓代（2009）子どもの習い事を媒介とする父親の子育て参加と子どもの自己受容感――スイミングスクールを対象とした調査から、家族社会学研究、21, 65-77
杉原隆・河邉貴子（編）（2014）幼児期における運動発達と運動遊びの指導――遊びのなかで子どもは育つ ミネルヴァ書房
梅﨑高行・名取洋典（2014）プロサッカークラブにおける指導の実際から親役割を考える、子育て研究、4, 8-19.
梅﨑高行・酒井厚・眞榮城和美（2019）子どもの社会性の発達と学校外教育２――子どもの自己に及ぼす指導者の不適切な関わり、甲南女子大学研究紀要、55, 43-50
梅﨑高行・酒井厚・眞榮城和美・室橋弘人（投稿中）児童期におけるサッカーのコンピテンスと向社会性の相互影響性――家庭の養育態度の差異を踏まえた縦断的検討

第6章 部活動指導者

――部員とのよい関係性を考える

青柳健隆
関東学院大学

1 はじめに

部活動をはじめとし、組織として行われる青少年スポーツの現場には指導者がいる場合がほとんどです。そして、指導者次第で活動が楽しく実り多いものにもなれば、つらく苦しいだけのものにもなってしまうほど、指導者は影響力を持っています。本章では、部活動という場と顧問という立場について学び、部活動指導者と部員の関係性について考えます。また、研究により明らかになってきた効果的な指導スタイルを理解し、同時に指導される側（部員）は指導者を見る目を養いましょう。そして最後に、部活動を部員にとってより学びの多い場にするためのアイデアを紹介します。

2　部活動と指導者の存在

「部活動」ってどんな場？

「上手くなりたい！」「試合に勝ちたい！」「友達と楽しくスポーツがしたい！」などなど、それぞれの部員が部活動に参加する理由は様々でしょう。部員の皆さんは自分の心の中を覗いてみてください。おそらく部活動に参加するいくつかの理由が思い浮かぶはずです。また、それぞれの部活動という単位でも「全国大会出場！」「○○大会ベスト8！」「休まず参加する！」など、部活動ごとに目標として掲げているものがあると思います。しかし、日本の部活動というさらに大きなくくりで捉えると、大前提とされていることがあります。それは「教育の場である」ということです。先生方が教育活動のよりどころとする学習指導要領（文部科学省、2017a, 2018）では、部活動について次のように記述されています。

　生徒の自主的、自発的な参加により行われる部活動については、スポーツや文化、科学等に親しませ、学習意欲の向上や責任感、連帯感の涵養等、学校教育が目指す資質・能力の育成に資するものであり、学校教育の一環として、教育課程との関連が図られるよう留意すること。

生徒が好きなスポーツ（や文化活動）に取り組める部活動ですが、先生は教育的な活動から逸脱することに対しては気を付けているはずです。大前提として「教育の場である」ということが、学校で行われる部活動とそれ以外のスポーツ遊びや地域でのスポーツ活動を分ける大きな違いになります（もちろん、教育面を大切にして運営されている学校外の活動もあります）。ただし、部活動は体育の授業のように教科として行われているわけではなく、課外活動（Extracurricular activity）であるということには注意が必要です（理由は後述します）。

「顧問」ってどんな立場？

一般的に部活動には担当してくれる顧問の先生がいます。この顧問というのはどういう立場なのか、理解していきましょう。

部活動の顧問という役割は、学年主任や研究主任などの役割と同様に、校長からの職務命令によって命じられた教員の付加的な職務であるとされています（中央教育審議会、2007）。しかし、その役割は勤務時間内に限られ、夕方以降に行われている部活動については先生が自発的に（ボランティアで）行っている関わりです。残業代も出ていません（詳細には、教員の柔軟な働き方を考慮して給与月額の４％が一般の公務員よりも多く支給されています。しかし、部活動指導のための手当とは言えず、また労働時間にも見合っていません）。その状況から考えると、顧問の先生が部活動に来なくても当たり前、来てくれたらありがたい、くらいの認識の方がよいのかもしれません（その関わりが教育的に望ましいかはまた別の話ですが）。

土日の部活動指導についても、勤務時間ではないため教員のボランティアであり、地域の最低賃金にも満たない金額が部活動指導手当として支払われている程度です。また、部活動の指導・運営のために飲食費や交通費など、平均でも年間13万円ほどの自己負担があることがわかっています（青柳ほか、2017）。同調査より時間的な負担も相当であることが指摘されており、大変な状況の中で先生は顧問を引き受けてくれているのです。

次に、部活動顧問の専門性についてです。日本体育協会（現日本スポーツ協会）が約８５００人の部活動顧問に調査したところ、中学校の52・1％、高校の44・9％の顧問教員はその部活動の競技経験がないことがわかりました（図1）。さらに、そのうちの約9割の顧問は体育の先生ではなく、自分自身の専門的指導力の不足を感じていました（日本体育協会、2014）。

「教員採用試験で専門の教員をもっと多く採用したらよいのでは？」と思った人もいるかもしれませんが、部活動は「課外活動」です。学校の先生は教科を教えることを主目的として採用されるため、部活動の専門性が優先されることはまずありません。そして、「課外活動」ですので、教員になるための教員養成課程の学習内容にも部活動に関する内容はほとんどと言っていいほど含まれていません。保健体育の教員でなければ、スポーツの指導に関することを学ばないままに顧問になっている先生もたくさんいるのです（この点については問題意識を持って、日本スポーツ協会などは教員養成課程に部活動指導に関する内容を含めることを提案しています）。

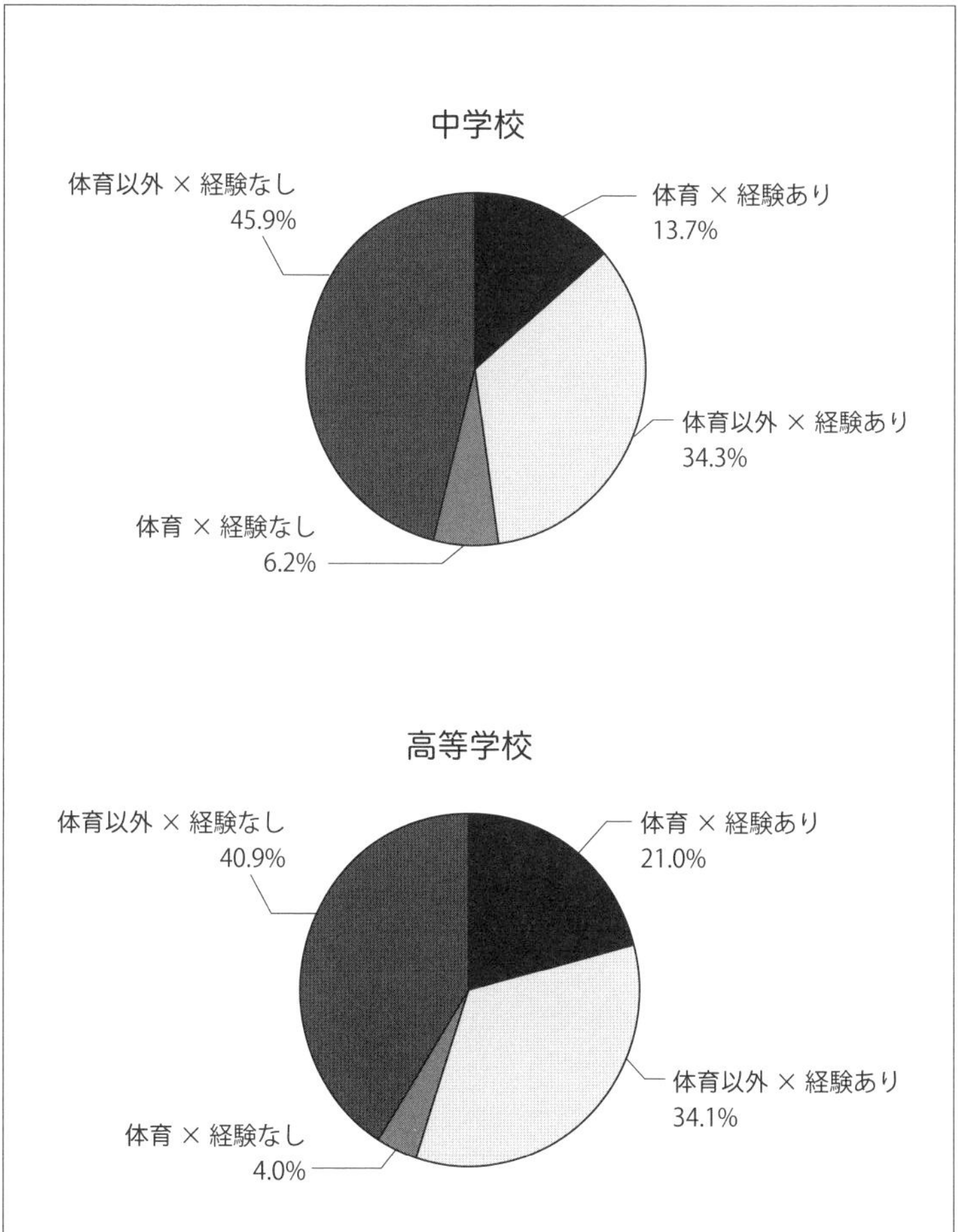

図１　運動部活動顧問の専門性（日本体育協会（2014）をもとに筆者作成）

「外部指導者」ってどんな人？

顧問教員以外で部活動に関わっている指導者は「外部指導者」と呼ばれています。たとえば、学校のある地域社会の専門的指導者や保護者、卒業生などがその役割を担ってくれています。外部指導者約４０００人を対象に行った調査では、中学校運動部活動の55・１％、高校運動部活動の30・３％の指導者が無報酬で指導していました（スポーツ庁、2018）。お金のためではなく、部員の成長や自分自身の学びのために外部指導者を引き受けている人が多いようです（Aoyagi et al., 2014a）。

また、２０１７年４月からは「部活動指導員」という職が新たに設けられ、教員以外の人が学校職員として部活動に関わることができるようになりました。これまで外部指導者だけでは行うことができなかった単独での引率や顧問になることも、部活動指導員であれば可能になりました（文部科学省、2017b）。

3　指導者の関わり方の影響

指導者のタイプ

指導者のタイプ分けは様々ありますが、スポーツ心理学者であり、米国スポーツ教育プログラムの創設者であるレイナー・マートンが、コーチングスタイルについて次のようにわかりやすくまとめています（マートン、2013）。

・命令スタイル（独裁者）
・従順スタイル（ベビーシッター）
・協調スタイル（教師）

命令スタイルの指導者はすべての決定権を握り、選手は指導者の命令に服従します。この指導者は知識や経験が豊富で、選手はあまり考えずに言われたとおりに行動します。一見規律があり機能的に見えますが、予測しない状況になったり、自由にプレーしたい選手がいる場合にはパフォーマンスが下がります。厳しそうな部活動でたまに見かける光景ではないでしょうか。

従順スタイルの指導者は、自身の決定権をできるだけ小さくします。指導者はほとんど指示を出さず、どうしても必要な時だけ問題解決に協力します。このタイプの指導者は指導能力に欠け、無責任であり、指導者として論外であると述べられています。いわゆる管理顧問（名ばかり顧問）といわれる先生の中には、このように指導者というには関わりが薄い顧問もいると思われます。

望ましいとされているのが協調スタイルです。意思決定は選手と話し合って行います。指導者はリーダーシップを発揮し、選手を目的達成へと導く責任があることは認めていますが、選手自身による決断の重要性も知っています。生徒の自主的・自発的な参加により行われるべきであるという理念を持つ部活動では、特にこの協調スタイルによる指導が適していると考えられます。

目指されている指導者像

コーチング学の研究領域では、指導者は選手の「4つのC」を高めていく必要があるとされています。4つのC、「4C's（フォーシーズ）」とは、有能さ（Competence）、自信（Confidence）、関係性（Connection）、人間性（Character）のことです（日本コーチング学会、2017）。このことから、たとえ部活動（学校教育）以外のスポーツの世界においても、勝利やパフォーマンス向上だけに偏重した指導者は望ましくないということがわかります。

現在日本で行われているコーチ教育（どのような指導者像が目指されているのか）について詳しく知りたい場合は、日本スポーツ協会が提供するコーチ育成のための「モデル・コア・カリキュラム」の内容が参考になります。モデル・コア・カリキュラムでは「人間力（思考・判断、態度・行動）」「知識・技能」「実習（実践力）」と、これまで専門的知識の習得に偏りがちだった内容を、指導者の在り方や現場実習を含んだバランスの良い内容に改変しています（平野・土屋・荒井、2019）。また、前述の協調スタイルにも通じますが、このカリキュラムでは「プレイヤーズ・ファースト」または「アスリート・センタード」といわれる選手を主体とした指導の在り方が重要視されています。

部員のモチベーションへの影響

部員のモチベーションを高めるために指導者は何ができるでしょうか。参考になるモチベーション理論に自己決定理論（Deci & Ryan, 1985）があります。モチベーションには報酬を得るためなどの「手段」として行動が生じている外発的モチベーションと、スポーツなどの活動を行うこと自体が「目的」となる内発的モチベーションがあり、選手の自己決定の度合いが高いほうが内発的モチベーションが高いとする理論です。内発的モチベーションは指導者が選手の自律性（Autonomy）、有能さ（Competence）、関係性（Relatedness）を高めるようにサポートすることで高まるとされています（Pelletier et al., 1995, 2013）。また、そのための具体的な方法として、①生徒が選択する機会を増やすこと、②他者との比較による評価ではなく、自身の記録などを比較評価基準にすること、③少人数グループの活動を用い、協力を促す構造を作ることの3点が提案されています（Standage, Duda, & Ntoumanis, 2005）。さらに、指導者の民主的な関わり方（前述の協調スタイル）の度合いが、選手の自律性、有能さ、関係性と比例的に関連していることが示されています（Wang, Koh, & Chatzisarantis, 2009）。

もう少し具体的に、運動部活動に参加するモチベーションに影響を与える要因について、中高生にインタビューした研究を紹介します（Aoyagi et al., 2019）。部員自身に生じる内的要因としては、「そのスポーツが好きなこと」「楽しさ」などの【スポーツの魅力】、「続けたいという気持ち」や「有言実行でありたいこと」などの【責任感・継続欲求】、「勝利意欲」や「ライバル意識」などの【チャレンジ精神】、「上達意欲」や「自己の能力が向上すること」などの【向上心】、そして「疲労」「ケガ」「体調不良」といった【身体的なコンディション】が挙げられました（表1）。他者や環境から生じる外的要因には、「部活動が強いこと」や「一体感のなさ」などの【チームの雰囲気】、「指導者がいてくれること」や「信用されていること」などの【応援・サポート】、「仲間がいること」や「他校に友人がいること」などの【仲間の存在】、「褒められること」や「自己評価と指導者評価の不一致」などの【指導内容】、「普段と練習内容が異なること」や「練習がきついこと」などの【練習内容】、「学校の宿題が多いこと」といった【学校生活での出来事】、そして【天候】が類型化されました（表2）。モチベーションへの影響の方向性（十二）は表を確認してください。抽象化・一般化されたモチベーション理論よりも部活動に特化した具体的な内容なので、部活動現場で意識しやすいと思います。チームの雰囲気や指導内容など、指導者の工夫によって改善が可能だと思われるものも多数あるため、やはり指導者の関わり方が重要だと言えます。どのようなことで部員のモチベーションが向上するのか、または低下するのかを見極めて接することで、部活動に対する部員の取り組み姿勢が変わってくるはずです。

表１　内的要因（Aoyagi et al.（2019）をもとに筆者作成）

カテゴリー	サブカテゴリ―
スポーツの魅力	そのスポーツが好きなこと（＋）
	楽しさ（＋）
	体を動かしたいという意欲（＋）
	前日に部活動を行えなかったこと（＋）
	部活動があること（＋）
	ストレス発散になること（＋）
責任感・継続欲求	続けたいという気持ち（＋）
	有言実行でありたいこと（＋）
	責任感（＋）
	今まで頑張ってきたこと（＋）
	活動することが当たり前だと思うこと（＋）
	うまくできず、申し訳なく思うこと（－）
チャレンジ精神	勝利意欲（＋）
	達成感（＋）
	試合があること（＋）
	ライバル意識（＋）
	調子が悪いこと（＋）
	同じ失敗を繰り返したくないと思うこと（＋）
向上心	上達意欲（＋）
	自己の能力が向上すること（＋）
	体力が高まること（＋）
	うまくいかないこと（－）
身体的なコンディション	疲労（－）
	ケガ（－）
	体調不良（－）

（＋）はモチベーションにプラスに、（－）はマイナスに作用することを表す。

表2　外的要因（Aoyagi et al.（2019）をもとに筆者作成）

カテゴリー	サブカテゴリー
チームの雰囲気	部活動が強いこと（＋） 部活動に真面目な雰囲気があること（＋） やる気のない部員がいること（－） 雰囲気の悪さ（－） 一体感のなさ（－） もめごとがあること（－） 指示を聞かない部員がいること（－） 練習が真面目に行われていないこと（－）
応援・サポート	応援（＋） 指導者がいてくれること（＋） 家族もそのスポーツを行っていること（＋） 家族のサポート（＋） 指導者に恩返ししたいという気持ち（＋） 信用されていること（＋） 身近な人に失敗を指摘されること（－）
仲間の存在	仲間がいること（＋） 他校に友人がいること（＋） 先輩が来てくれること（＋） 仲間を支えたいという気持ち（＋） 先輩の引退（－）
指導内容	褒められること（＋） 自己評価と指導者評価の不一致（－） 怒られること（－） 連帯責任を負わされること（－）
練習内容	普段と練習内容が異なること（＋） 練習がきついこと（－） 自分がやりたい練習を行えないこと（－）
学校生活での出来事	学校の宿題が多いこと（－）
天候	雨天（－）

（＋）はモチベーションにプラスに、（－）はマイナスに作用することを表す。

4　部活動指導者と部員の関係性

顧問、外部指導者、部員への調査から、それぞれがそれぞれに対し、どのような関わりを望んでいるのかが見えてきました。まず、顧問教員は外部指導者に対して、技術指導による部員の成長や練習の質（効率、多様性、安全性）の向上を期待していました。しかし、顧問教員は外部指導者と指導方針が合わないことや教育的な配慮がないこと、顧問よりも外部指導者の立場が上になってしまうことを懸念しています（Aoyagi et al., 2013a, 2014b）。一方で外部指導者は顧問に対して、技術的な部分以外の指導や協力的な関わりを求めています（Aoyagi et al., 2013b, 2014a）。部員はというと、部活動に参加してくれることや学校生活と連携してくれることを顧問教員の良さだと感じており、専門的な指導や顧問のサポートの部分を外部指導者の良さだと感じていました。そして、技術以外の指導や雰囲気を良くしてくれることは両指導者からの恩恵だと認識していました（図2：Aoyagi et al., 2016）。

以上を踏まえて、顧問、外部指導者、部員の望ましい関係を図3にまとめます。ここでいう「望ましい関係」とは、3者の希望ができるだけ実現・調和し、部員の意欲向上や成長に資する状態を指します。この図では専門でない（技術指導のできない）顧問教員と外部指導者がい

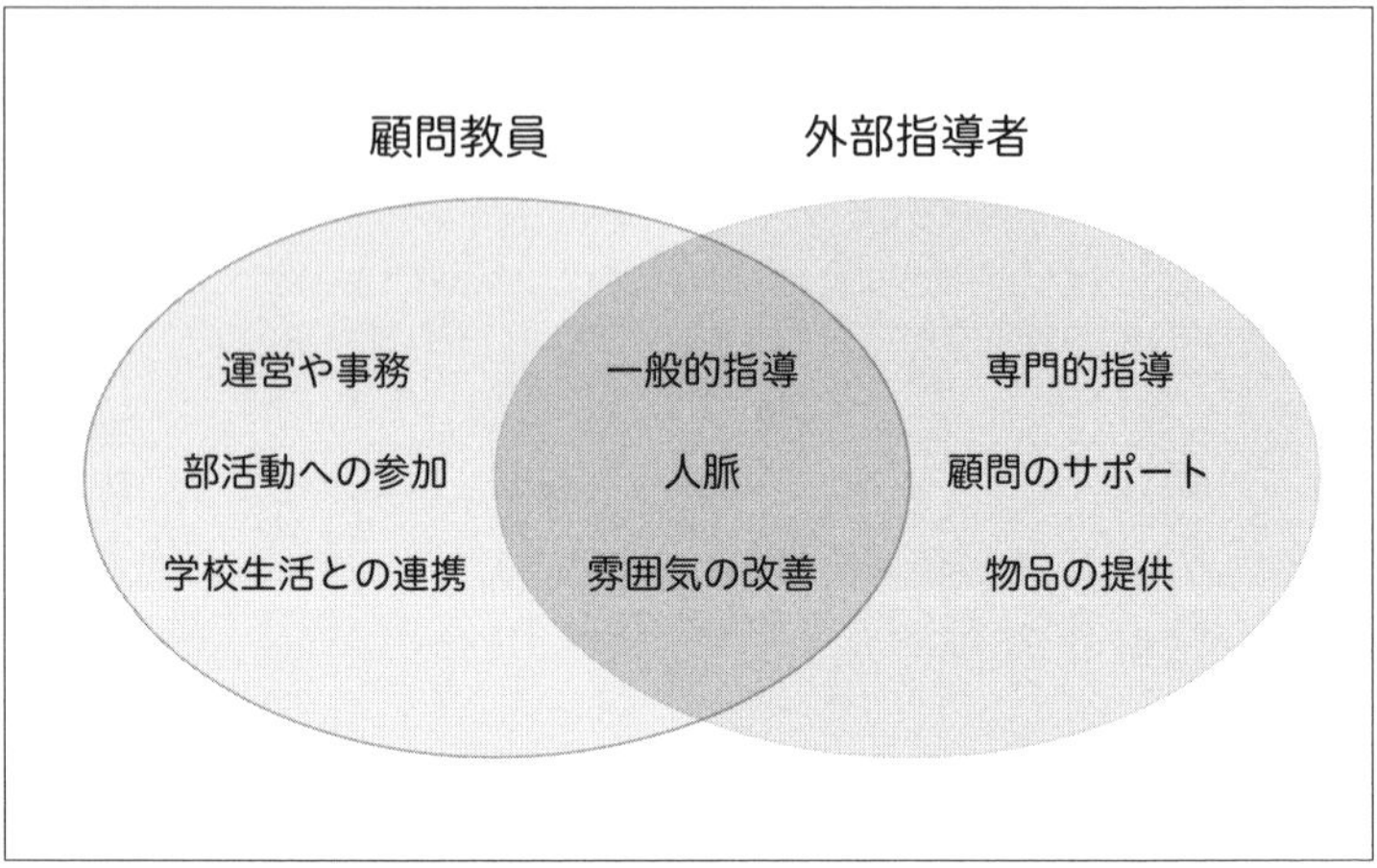

図２　部員が認識する顧問教員と外部指導者それぞれの良さ
（Aoyagi et al.（2016）をもとに筆者作成）

る部活動を想定しています。顧問教員は技術的な指導ができないとしても、部活動の管理者として主導権を持ち、部活動への関与と教育的な視点から部員を見守ることが必要です。ただ見守るだけでも人間の基本的な欲求である承認欲求（西田、2013）を満たすことにつながります。外部指導者は技術指導に重点を置き、部活動の方針を理解したうえで部員に関わります。複数の指導者の方針が異なっていると部員に混乱をきたすため、部としての指導方針を統一し、指導者の役割分担を明確にして部員に関わるとよいでしょう。部員は部活動の主役は自分たちであることを意識し、指導者に過度な依存をせず、主体的に関わってください（まさにアスリート・センタードです！）。そんな部員を指導者たちはサポートしてくれるはずです。

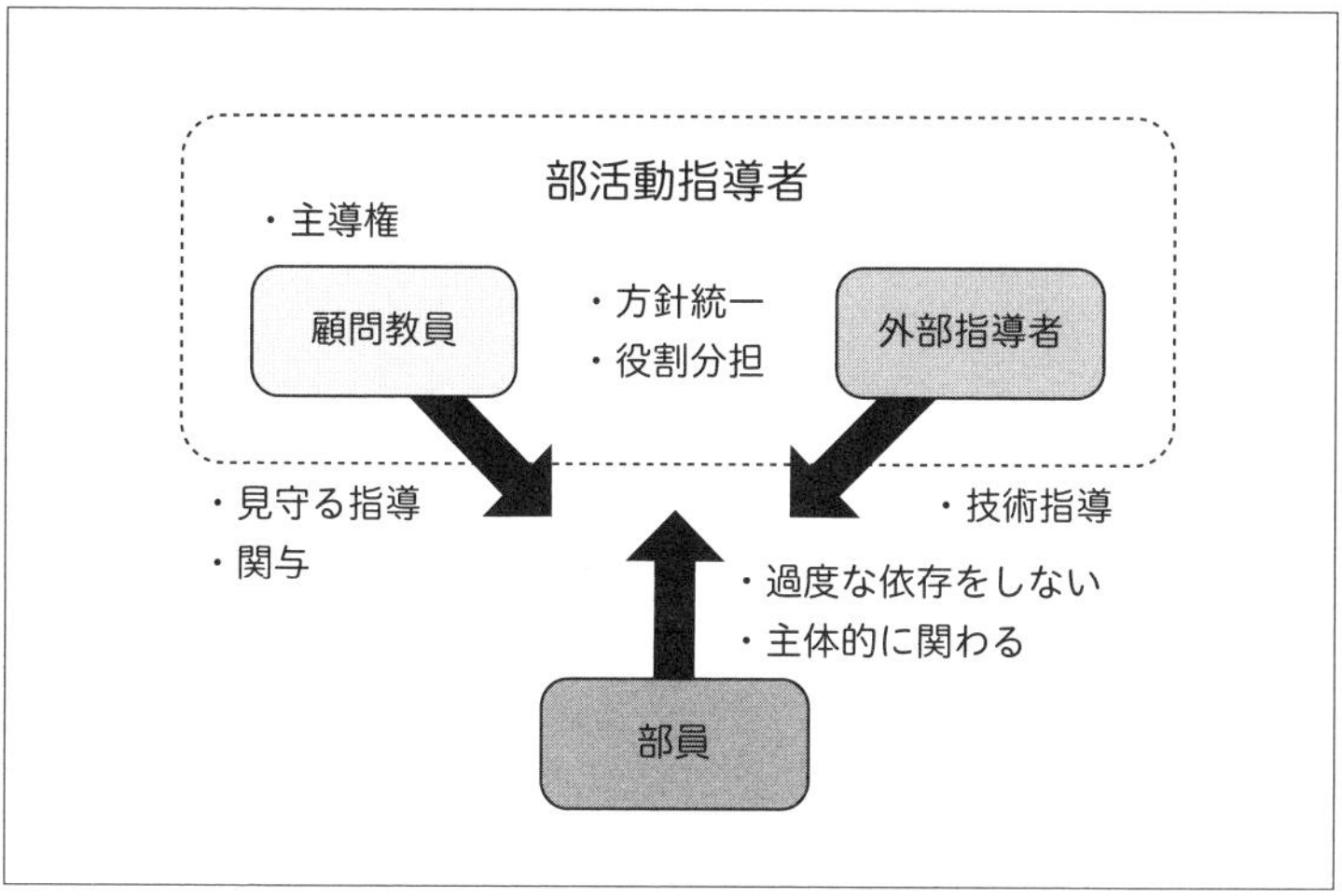

図3　部活動指導者と部員の望ましい関係

また、顧問や外部指導者は様々な立場を持って生活しています。部員に関わる際に、どの立場からの発言や指導かが不明確だと、そこでもまた部員に混乱が生じてしまいます。その発言は「教師」としてなのか、「顧問」や「外部指導者」としてなのか、または「大人」や「人生の先輩」としてなのかを自覚し、部員にもその立場（自分との関係性）がわかるように接することでメッセージが伝わりやすくなります。

5　部員の学びを最大化する

部活動は教育の場であるという話をはじめにしました。では、どうしたら部員にとってより学びの多い場にしていけるのでしょうか。最後に、部員の学び（もしくは心の成長）のために指導者に取り組んでほしい役割を提案します。

部活動という小さな社会では日々たくさんの出来事が起こります。大会や練習試合での勝ち負け、合宿、ルールや部の規律を守ること、レギュラー争い、先輩後輩関係、部員同士のぶつかり合い、プレッシャーなど、失敗や成功、挫折や感動を数多く経験しているはずです。そして、結果もプレーの成否、記録や勝敗という形で明快に表れます。日常生活を見回してみても、これほど高強度・高頻度で刺激が生じる活動はそう多くないと思います。これらの経験から部員は自然と学びを得ていると思いますが、指導者の関わり方次第で学びをさらに増やしたり、深めたりすることができます。

Kolb（1984）は、①具体的経験（Concrete Experiences）、②内省的観察（Reflective Observation）、③抽象的概念化（Abstract Conceptualization）、④能動的実践（Active Experimentation）の4つのフェーズを繰り返すことで学びが深まっていくという経験学習サイクルを提唱しました（図4）。部活動での様々な経験（①）を振り返り（②）、気づきを言語化し（③）、新たな場面に応用していく（④）という機会を意識的に設けることで、経験を学び（パフォーマンスの向上、自己理解、日常生活への応用など）に変えていくチャンスが広がります。そのために指導者はどのような関わりや問いかけができるのか、ぜひ考えてみてください。

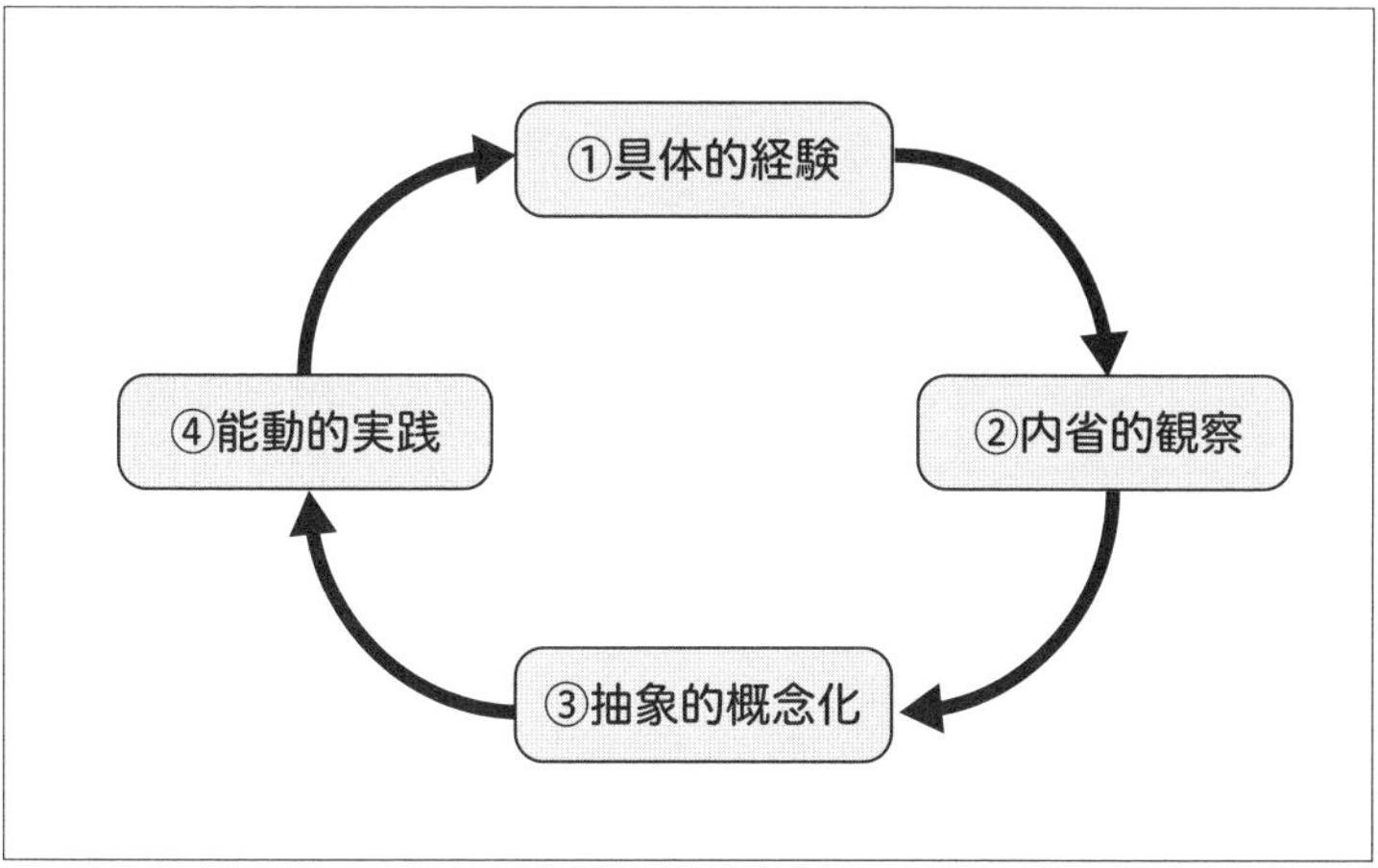

図4　経験学習サイクル（Kolb（1984）をもとに筆者作成）

6　おわりに

本章では、部活動指導者と部員の関わりについて考察してきました。指導者と部員がより良い関係を築くためのヒントは見つかったでしょうか。本章の内容は、実は中高の運動部活動に限った話ではありません。活動の場の意味や関係者の立場を理解すること、科学的な指導理論、経験から学びを取り出す方法は、小学生や大学生、部活動ではないスポーツチーム、さらには文化部活動などのスポーツ以外の活動でも応用できる考え方です。今も様々な場面で指導者が必要とされています。そして、指導者には大きな期待と責任のまなざしが向けられています。

【引用文献】

Aoyagi, K., Ishii, K., Shibata, A., Arai, H., Hibi, C., & Oka, K.（2013a） Factors associated with teachers' recruitment and continuous engagement of external coaches in school-based extracurricular sports activities: A qualitative study. Advances in Physical Education, 3(2): 62-70.

Aoyagi, K., Ishii, K., Shibata, A., Arai, H., Hibi, C., & Oka, K.（2013b） Facilitators and barriers of external coaches' involvement into school-based extracurricular sports activities: A qualitative study. Advances in Physical Education, 3(3): 116-124.

Aoyagi, K., Ishii, K., Shibata, A., Arai, H., & Oka, K.（2014a） How to outsource coaching in school-based extracurricular sports activities: Evaluating perceptions of external coaches. International Journal of Education, 6(3): 101-118.

Aoyagi, K., Ishii, K., Shibata, A., Arai, H., & Oka, K.（2014b） Quantitative assessment of facilitators and barriers to using external coaches in school-based extracurricular sports activities. Journal of Physical Education and Sport Management, 5(4): 45-53.

Aoyagi, K., Ishii, K., Shibata, A., Arai, H., Fukamachi, H., & Oka, K.（2016） Cooperative coaching: Benefits to students in extracurricular school sports. Journal of Physical Education and Sport, 16(3): 806-815.

青柳健隆・石井香織・柴田愛・荒井弘和・岡浩一朗（2017） 運動部活動顧問の時間的・精神的・経済的負担の定量化，スポーツ産業学研究，27(3): 299-309

Aoyagi, K., Ishii, K., Shibata, A., Arai, H., Fukamachi, H., & Oka, K.（2019） A qualitative investigation of the factors perceived to influence student motivation for school-based extracurricular sports participation in Japan. International Journal of Adolescence and Youth, 25(1):624-637.

中央教育審議会（2007） 今後の教員給与の在り方について（答申） http://www.mext.go.jp/b_menu/shingi/chukyo/chukyo0/toushin/07041100.pdf［2020年3月閲覧］

Deci, E. L., & Ryan, R. M.（1985） Intrinsic motivation and self-determination in human behavior. Plenum Press

平野裕一・土屋裕睦・荒井弘和（2019）　グッドコーチになるためのココロエ，培風館

Kolb, D. A.（1984）　Experiential Learning: Experience as the source of learning and development. Prentice-Hall.

マートン，R（2013）　スポーツ・コーチング学――指導理念からフィジカルトレーニングまで（大森俊夫・山田茂　監訳），西村書店

文部科学省（2017a）　中学校学習指導要領　http://www.mext.go.jp/component/a_menu/education/micro_detail/__icsFiles/afieldfile/2019/09/26/1413522_002.pdf［２０２０年３月閲覧］

文部科学省（2017b）　部活動指導員の制度化について　http://www.mext.go.jp/prev_sports/comp/b_menu/shingi/giji/__icsFiles/afieldfile/2017/10/30/1397204_006.pdf［２０２０年３月閲覧］

文部科学省（2018）　高等学校学習指導要領　http://www.mext.go.jp/component/a_menu/education/micro_detail/__icsFiles/afieldfile/2019/11/22/1384661_6_1_3.pdf［２０２０年３月閲覧］

日本コーチング学会（2017）　コーチング学への招待，大修館書店

日本体育協会（2014）　学校運動部活動指導者の実態に関する調査報告書

西田保（2013）　スポーツモチベーション――スポーツ行動の秘密に迫る！，大修館書店

Pelletier, L. G., Tuson, K. M., Fortier, M. S., Vallerand, R. J., Brière, N. M., & Blais, M. R.（1995）　Toward a new measure of intrinsic motivation, extrinsic motivation, and amotivation in sports: The Sport Motivation Scale（SMS）. Journal of Sport and Exercise Psychology, 17(1), 35-53.

Pelletier, L. G., Rocchi, M. A., Vallerand, R. J., Deci, E. L., & Ryan, R. M.（2013）　Validation of the revised Sport Motivation Scale（SMS-II）. Psychology of Sport and Exercise, 14(3), 329-341.

スポーツ庁（2018）　平成29年度　運動部活動等に関する実態調査報告書　http://www.mext.go.jp/sports/b_menu/sports/mcatetop04/list/detail/__icsFiles/afieldfile/2018/06/12/1403173_2.pdf［２０２０年３月閲覧］

Standage, M., Duda, J. L., & Ntoumanis, N.（2005）　A test of self-determination theory in school physical education. British Journal of Educational Psychology, 75(3), 411-433.

Wang, C. K. J., Koh, K. T., & Chatzisarantis, N.（2009）　An intra-individual analysis of players’ perceived coaching behaviours, psychological needs, and achievement goals. International Journal of Sports Science and Coaching, 4(2), 177-192.

第7章 体罰に対する認識と実情
——根絶するために必要なこと

内田遼介
流通科学大学

東京五輪を目前に控えるなか、ゴルフやバスケットボール、サッカー、テニスといった人気のあるスポーツにおいて将来が期待される若手選手の世界的な活躍が報道されています。その一方で、憤りを感じるようなスポーツ界の暗い報道も見かけます。この章では、そういった暗い報道のうち、特に運動部活動でたびたび発生している体罰について考えていきたいと思います。

1 運動部活動での体罰問題について考える

皆さんは運動部活動での体罰について考えるとき、具体的にどのような行為を体罰として思い浮かべるでしょうか。私たちが何気なく運動部活動での体罰について考えるとき、どういった行為を体罰として思い浮かべるのか、実はそれほど共通しているとは言えません。なぜなら、実際に運動部活動で体罰を受けたことのある人は、その当時の体験を思い浮かべながら考えるかもしれませんし、そうでない人であれば、スポーツを題材としたドラマや漫画、小説の一場面を思い浮かべながら考えるかもしれないからです。

そもそも、体罰は運動部活動を含む学校教育全般において、明確に禁止された違法行為とされています。この点については、特に教育関係者ではない私たち一般人でも知っていると思います。しかし、具体的にどういった行為が体罰に当たるのかまではあまり知らないのではないでしょうか。実際には、文部科学省や各都道府県の教育委員会においてどういった行為が体罰にあたるのか、具体的な事例がいくつか示されているのですが、そこまで参照する人は教育関係者を除けばほとんどいないと考えられます。

ここでは、体罰の定義を説明するにあたって、特に東京都教育委員会が出しているガイドライン（東京都教育委員会、2014）を参考にしましょう。このガイドラインによれば、体罰とは、教員が行使できる懲戒のうち、特に「教員が、児童・生徒の身体に、直接的又は間接的に、肉体的苦痛を与える行為」と定義されています。ここでいうところの直接的に肉体的苦痛を与える行為とは、「強くたたく、殴る、蹴る、投げる」などを指しています。一方、間接的に肉体的苦痛を与える行為とは、「長時間にわたる正座・起立」などを指しています。また、注意したい点として、主語が「教員」となっている点です。最近は、外部指導者が運動部活動の指導に携わるケースが増えてきました。この定義に則るならば、外部指導者が教員と同じように「児童・生徒の身体に、直接的又は間接的に、肉体的苦痛を与える行為」を行使した場合、それは体罰ではなく単なる暴力として扱われることになります（平井、2013）。

先にも述べましたが、このような学校教育場面における体罰の定義についてまで事細かに理解している一般人は少数派だと考えられます。それでは、体罰の定義はさておき、私たち一般人の素朴な感覚から運動部活動での体罰について考えたとき、具体的にどういった行為を体罰だと認識しているのでしょうか。体罰の具体的な定義があるのだから一般人の感覚がどうであろうと関係ないと思われる読者の方もいらっしゃるかもしれません。しかし、これは運動部活動での体罰問題を考えるうえでとても大切な視点なのです。

2　体罰が一般社会に露見するプロセス

運動部活動で発生した体罰が私たち一般人の目に触れるプロセスに着目するとこの意味がわかります。そもそも、運動部活動での体罰問題は今に始まったことではありません。例えば、1985年3月末に岐阜県の公立高校において、陸上部顧問からの体罰を苦に自殺した女子生徒の事件が報道されています（朝日新聞、1985a）。ほかにも同時期に、埼玉県の公立中学校において、バレーボール部の顧問が練習試合中にミスをした部員を平手で殴って鼓膜を損傷させ、当該部員が入院を余儀なくされた事件も報道されています（朝日新聞、1985b）。つまり、昔から運動部活動での体罰に関する問題は確かに存在していました。しかし、体罰が明るみになるプロセスについては昔と今とでは大きく様変わりしています。この一因となっているのがソーシャル・ネットワーキング・サービス（SNS）の普及です。

現代社会において、情報の伝播速度は圧倒的に向上しました。何を調べるにもパソコンやスマートフォンを使ってインターネット検索をすれば、誰もが望んでいた情報を簡単に手に入れることができます。こういった時代背景は、運動部活動での体罰が一般社会に露見するプロセスにも影響を与えています。たとえば、2017年6月に埼玉県の私立高校サッカー部で発生した体罰問題は、部活動中に外部コーチ（外部指導者ですので正確には「暴力問題」です）が部員の顔を殴ったり、胸を激しく小突いたりする場面を何者かが携帯カメラで撮影し、その映像がSNS上で拡散されたことに端を発しています（朝日新聞、2017）。2019年10月にも、鹿児島県内の私立高校サッカー部において顧問が足蹴りと平手打ちをする場面が撮影され、SNS上で拡散されることによって体罰が露見しました（朝日新聞、2019）。これらは、いずれも指導者が部員に対して何らかの行為（だいたいは直接的に肉体的苦痛を与える行為）を行っている映像を匿名のアカウントを通じてSNS上にアップロード、それを見た第三者である一般人が体罰であると指摘することでマスメディアが報道するといったケースです。

こういったケースから見えてくることは、これまで指導者と部員といった二者間の閉じた環境のなかで看過されてきた行為が、期せずして第三者の視点から判断される時代になったということです。したがって、指導者と部員の二者間での暗黙の了解があったとしても、第三者がその行為に対して体罰であるとの認識が生じるのであれば、それがネット炎上という形で一般社会に露見し、体罰問題として取り扱われるようになるわけです。以上の点を踏まえると、第三者である我々一般人が指導者のいかなる行為を体罰であると判断するのかについて調べておくことが、線引きの難しい運動部活動における体罰の定義を考える際に役立つと考えられます。それでは、具体的に指導者のどういった行為が体罰と判断されやすいのでしょうか。

3 指導者が体罰を行使するとき

運動部指導者のどういった行為が体罰と判断されやすいのかを調べるにあたって、私たちは手始めに過去に掲載された新聞記事から実際に発生した体罰に関する情報を集めることにしました（内田ほか、2019）。学校教育に直接接点のない私たちが運動部活動で起きている体罰の実態について調査しようとした場合、過去の新聞記事から得られる情報は大変貴重です。

私たちは、朝日新聞社が提供する新聞記事データベース「聞蔵Ⅱビジュアル」を使って、1985年から2018年までの33年分の体罰に関する新聞記事を収集、その中から体罰に至った具体的な経緯を抽出する作業を行うことにしました。一定の基準を設けて過去の新聞記事を検索した結果、複数の新聞記事から体罰を行使するに至った経緯を抽出しました。それから、類似する経緯ごとにカテゴリー化していき、最終的に表1に示す7つのカテゴリーに分類しま

表１　過去の新聞記事から抽出した運動部指導者が体罰を行使するに至った経緯（内田ほか、2019）

活動状況に対する不満
部活動中のミス
プレー内容が悪い
緩慢なプレー
試合に負けた
不十分な声出し

行動変容の手段
気合いを入れる手段
競技力向上の手段
練習に集中させる手段
注意する際の手段

反抗的な態度
指示に従わない
指示の無視
部活動中の態度

チーム内の規律違反
遅刻・欠席
役割の放棄
チームの規律違反

部活動での不適切な言動
礼節の欠如
指導者への口答え

感情の爆発
退部意志に対する怒り
思い通りにならない苛立ち

日常生活での不適切な言動
身だしなみ
生活態度
学業成績不良

した。

7つのカテゴリーのうち、「活動状況に対する不満」というカテゴリーを参照すると、「部活動中のミス」や、「緩慢なプレー」「不十分な声出し」などを理由に指導者が部員に対して体罰を行使するに至っていることが読み取れます。また、「反抗的な態度」のカテゴリーを参照すると、「指示に従わない」や「指示の無視」「部活動中の態度」などを理由に体罰を行使するに至っていることが読み取れます。これらの経緯の中には、私たち一般人からすると、「そんな理由で体罰をするのか」といった驚くような経緯も含まれています。そこには、単純に新聞記事からだけでは読み取れない背景があるのかもしれません。しかし、おおよそ最終的なきっかけとなった経緯として、新聞紙上には表1のようなものが挙げられていたということです。

4 一般人の素朴な感覚から体罰を捉える

さて、指導者が体罰に至る経緯は様々でしたが、それでは具体的にどういった経緯でなされた行為が我々一般人の視点から見た場合に体罰と判断されやすいのでしょうか。私たちは、新聞記事の調査によって得られた複数の経緯と、部活動中に起こり得ると考えられる様々な行為の組み合わせを一般人に提示し、「何らかの経緯でなされた、ある行為についてどの程度容認できるか」と尋ねることで検討することにしました（内田ほか、2019）。

経緯については先の新聞記事の調査から得られた7つのカテゴリーの中から特徴的な経緯7つを選んで用意しました（図1）。行為については大きく二つに分けて用意しました。一つは、経緯の別にかかわらず直ちに体罰と判断されるような行為です。これは東京都教育委員会のガイドライン（東京都教育委員会、2014）において示されているような、「平手打ち」や「正座」など、身体に、直接的又は間接的に肉体的苦痛を与える行為で構成しました。もう一つは、経緯はさておき一般的にはトレーニングと認識されるような行為で構成しました。

ここで、なぜ体罰に関する調査でトレーニングに関わる行為を用意する必要があるのか疑問に感じた方がいらっしゃるかもしれません。実は、ここに運動部活動における体罰問題の難しさがあるのです。過去に競技スポーツを経験したことのある方なら理解できると思いますが、そもそもスポーツにおいて技能を向上させるには、幾らか肉体的苦痛が伴うトレーニングを繰り返し行わなければなりません。私たちが普段何気なく目にするあらゆるスポーツの巧みな動作は、そういった厳しいトレーニングの積み重ねによって獲得されていくわけです。しかし、そういったトレーニングもひとたび指導者の指示の仕方が悪ければ、部員に対して間接的に肉体的苦痛を与えているわけですから、場合によっては体罰だと判断される危険性を孕んでいるのです。

そこで、私たちは予備調査（未発表）として、スポーツ経験者を対象に最もつらかったトレーニングについて過去を思い出しながら回答してもらいました。そして、そのなかでよくあ

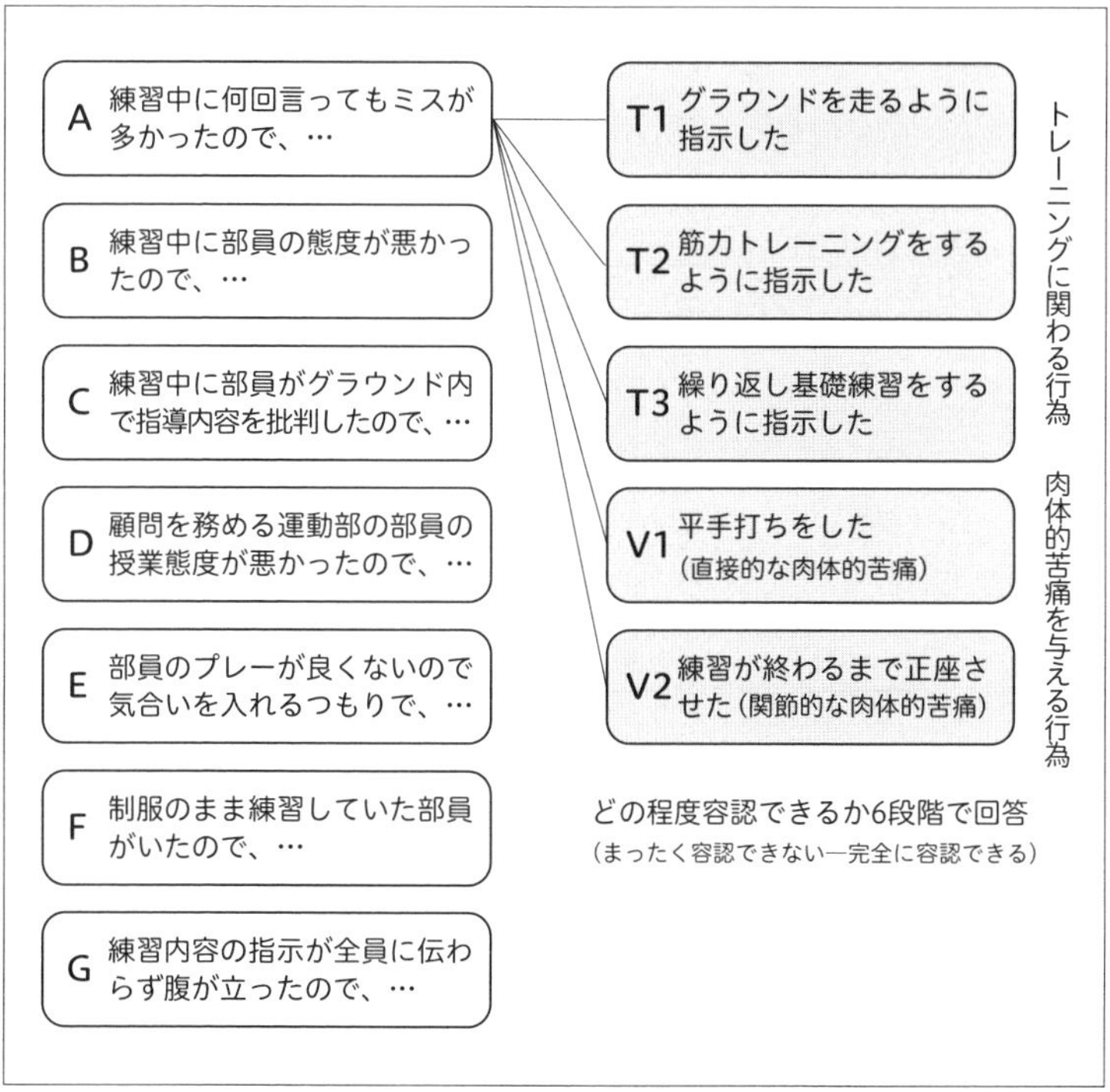

図１　７つの経緯と５つの行為の組み合わせ。調査対象者は、それぞれの組み合わせに対してどの程度容認できるか「まったく容認できない」（１点）から「完全に容認できる」（６点）までの６段階で回答しました。

げられていたトレーニングを加えることにしました。具体的には「ランニング」や「筋力トレーニング」、「基礎練習」などといった一般的に日々の練習においても指導者が指示していると考えられる行為で構成しました。このように、こちらであらかじめ用意した7つの経緯と5つの行為を組み合わせることで、具体的にどういった経緯でなされた行為が体罰であると判断されやすいのか検討することにしました。たとえば、「練習中に何回言ってもミスが多かったので、平手打ちをした」や、「練習中に部員の態度が悪かったので、筋力トレーニングをするように指示した」という項目に対して、どの程度容認できるかを「まったく容認できない」から「完全に容認できる」までの6段階で回答するといったような具合です。

得られた調査結果をもとに箱ひげ図で示したものが図2です。縦軸はどのくらい容認できるかを表しています。点数が低ければ低いほど私たち一般人（部外者）である第三者の視点から見た場合にその行為が容認されないことを表しています。このグラフからは、第一に直接的に肉体的苦痛を与える「平手打ち」は、如何なる経緯であろうと点数が低く、容認されない行為であることがはっきりと読み取れます。つまり、身体に直接的に肉体的苦痛を与える行為は、その経緯が何であれ、指導者が行使した時点で我々一般人から見た場合には体罰であると判断される傾向にあるということです。

それに対して、一般的にトレーニングであると認識されるような行為についてはその傾向が少し異なっています。特に、注目すべき点は指導者が「部活動中の態度」を理由にトレー

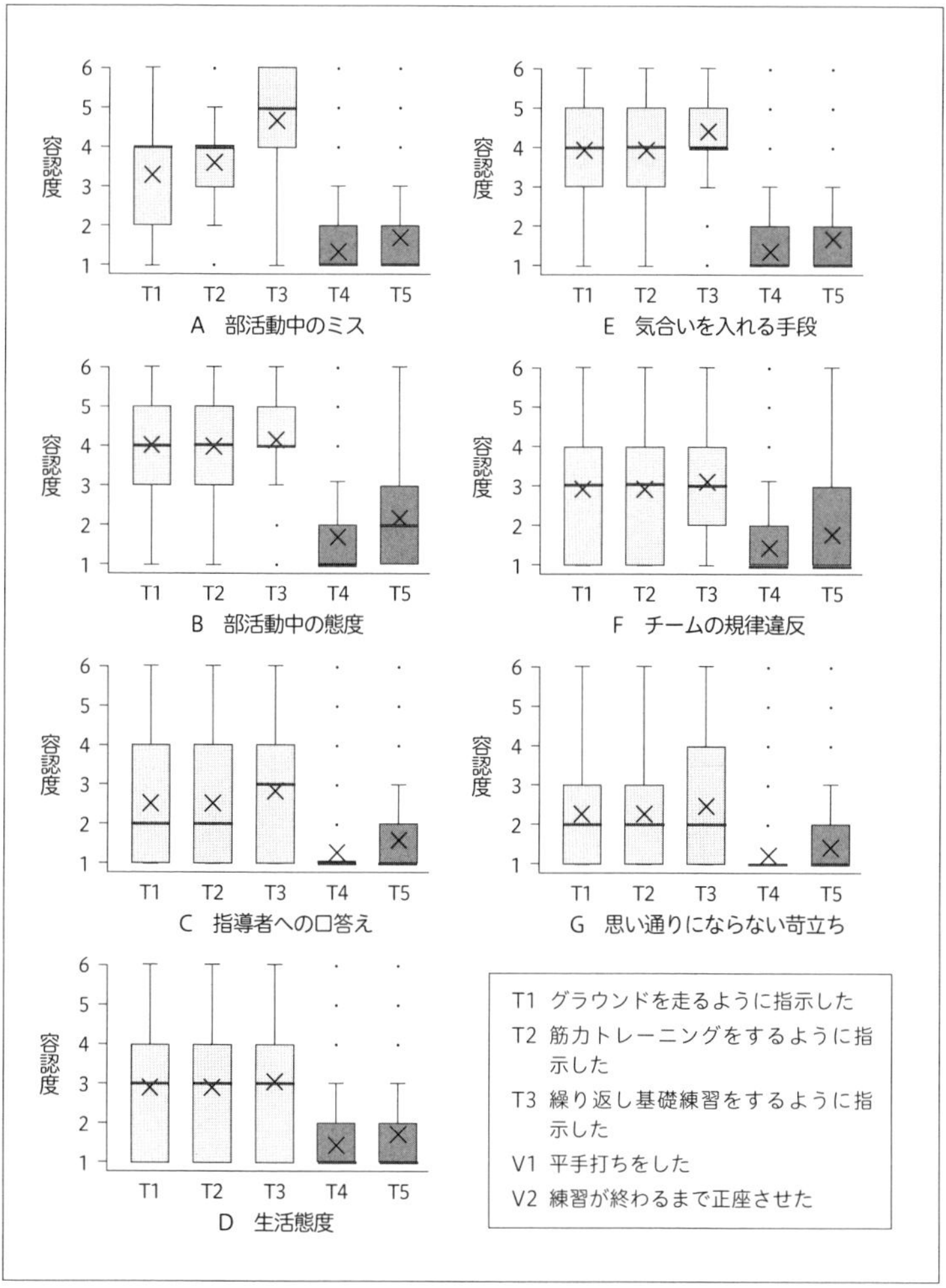

図2　7つの経緯と5つの行為の組み合わせ別に示した容認度の得点。図中の「×」は平均値を表しています。（内田ほか（2019）より p.305 の図1を一部修正して転載）

ニングを命じた場合に、半数以上の人たちが6段階の真ん中以上(3・5点以上)で評定している、つまり容認的な方向に判断が偏っているという点です。本来、調査で用いたような3つのトレーニングに関わる行為は競技力向上を意図して命じられるべきものです。したがって、それ以外の理由で命じた場合は、即座に体罰とは判断できなくとも、非合理的な指導であり、容認されるべきものではありません。それにも関わらず、指導者が部員の態度を罰する目的で命じたトレーニングに対して、我々一般人の判断が容認的な傾向に偏っているのです。このことは、私たち一般人の間においても、本来は「体罰相当の行為である」と判断すべきものに対して、場合によってはやや容認的な態度を示す可能性を示しているといえます。

以上の結果が意味することは次の二点です。第一に、運動部活動の指導者は、どうしてそのトレーニングをする必要があるのか、常に合理的に説明する責任が伴っているということです。日々の指導を繰り返すうちに、しばしば「なぜそのトレーニングを今行う必要があるのか」といった、極めて当たり前の部分が欠落していくことは起こりうることです。今一度、現在行っているトレーニングがどういった点で効果的なのか、そして、どうしてこの時期に行う必要があるのかなど、トレーニングを行う理由について部員に対してはっきりと「言葉」で説明できるように常日頃から意識しておくことが重要かもしれません。なぜなら、部員の疑問を解消する最も効果的な方法は、言葉を介したコミュニケーションだからです。当然ですが、言葉で説明できないからと言って、力に頼って理解させるのは最悪の方法です。陸上競技の第一線で活躍された為末大氏も、体罰をなくす方法としてスポーツコーチングにおける言葉の重要性を指摘しています（為末、2017）。

第二に、私たちも体罰であるか否かについて冷静に判断することが求められているという点です。今回得られた調査結果のように、なんとなく部員の態度に問題があったからといって、それを理由に指導者が命じたトレーニングについて容認的な態度を示すのは望ましいことではありません。トレーニングは本来、競技力向上を意図して命じるべきものであり、罰することを意図して命じることは避けなければなりません。このことを私たちも十分に理解しておくことが求められるでしょう。

5　体罰を容認する人たち

先の調査結果においても明らかなように、「平手打ち」のような直接的に肉体的苦痛を与える行為（つまり体罰）が容認できないものであるとの認識が一般社会において共有されている点は大変望ましいことです。しかし、一部の人々のあいだでは、未だに「体罰は容認される行為である」と認識されていることが、これまでの研究において複数報告されています。たとえば、高橋・久米田（2008）は、学生に対して体罰の是非について回答を求めた結果、男性では22・5％が、女性では12・3％が「体罰が必要である」と回答したことを報告しています。また、驚くべきことに、マスメディアを通じて連日報道された大阪府の桜宮高校での体罰事件（朝日新聞、2013a）の直後においても、実に6割の学生が「体罰は場合によっては必要である」との認識を示していることが明らかになりました（朝日新聞、2013b）。さらにより後年、平田・小松（2017）が行った調査においても、体罰が「必要」と回答したものが3・0％であったものの、「場合によっては必要」と回答した者が41・7％にのぼったことを報告しています。調査された時期や調査方法によってその比率は変動しますが、いつの時代であっても体罰を容認する人たちが少なからず社会に存在することは確かなことと言えそうです。

6　体罰を容認するメカニズム

それでは、なぜ運動部活動での体罰を容認してしまう人たちがいるのでしょうか。この点については過去に体罰を受けた経験が影響するという報告が大勢を占めています。たとえば、楠本ほか（1998）は、学生を対象とした質問紙調査の結果、過去に体罰を受けたことのある学生たちの方が、体罰を受けたことのない学生たちよりも体罰を容認しやすい傾向にあったことを明らかにしています。つまり、過去に運動部活動で体罰を受けた人たちが、将来的に体罰を容認しやすくなるということです。しかし、明らかにすべき点は、過去に体罰を受けた人たちがなぜ体罰を容認するようになるのかというメカニズムの部分です。

この点については、スポーツ科学に関連する諸領域において様々な仮説が提唱されています。たとえば、兄井ほか（2014）は、心理学者のフェスティンガーが提唱した認知的不協和の理論によってこのメカニズムを説明しています（Festinger, 1957 末永監訳、1965）。認知的不協和とは、相いれない2つの認知を同時に抱えている状態のことを指します。そして、人間はこの不協和を解消するために自らの態度や行動を変容させる傾向があるとされています。有名なものに、喫煙者の例があります。喫煙者は自分自身が煙草を吸っていると認知しています。しかし、煙草を吸うと健康に害が及ぶことも同時に認知しています。ここでは煙草を吸っていることと健康に害が及ぶことは相いれません。そこで「たとえ煙草を吸ったとしても長生きの人がいる」などと主張することで不協和の状態を緩和するわけです。

このような不協和の解消が体罰を容認する人々にも生じていると考えます。つまり、自分自身が過去に部活動中に体罰を受けたという認知と、体罰には意味がないという認知は相いれません。そこで、体罰を容認するように態度を変容させることでこの不協和の状態を解消しようとするわけです。もちろん、体罰を否定することも実際には可能ですが、それは過去の自分自身の体験を否定することになるため容易ではありません。スポーツ人類学者の庄形（2018）は、高校のハンドボール部員が体罰を受けていた当時は不快感や恐怖を覚えていたにもかかわらず、引退後に「成長」という肯定的意味を付与することで体罰に対する態度を変容させていく過程について論じています。この態度変容の背景には認知的不協和が関係しているのかもしれません。

ほかにも興味深い説明があります。体育哲学者の坂本（2015）は、体罰・暴力を容認する背景として、競技スポーツにつきものである身体的負荷に着目した仮説を提示しています。先にも似たようなことを述べましたが、スポーツ選手は日々のトレーニングにおいて、自らの身体に高強度の負荷をかけることで「より強く」なることを目指しています。しかし、負荷をかけることで強い身体が育まれる一方で、自己や他者の身体の痛みや苦しみに対する感受性が失われる方向で育まれている可能性を指摘しています。そして、強い「身体」の獲得過程で生じるこの感受性の低下が体罰・暴力容認の背景にあるのではないかと論じています。つまり、過去に厳しいトレーニングを課される（あるいは、体罰に類する暴力的指導を受ける）ことで身体の痛みや苦しみに対する感受性が低下する結果、体罰や暴力を容認するようになるといった一連のメカニズムがこの仮説から想定されます。

このように、スポーツ科学に関連する諸領域において、過去に体罰（または厳しいトレーニング）を受けた人たちがなぜ体罰を容認するようになるのかといったメカニズムに関する仮説がいくつか提示されています。しかし、これらの説には特に確証的な証拠があるわけではありません。そこで、私たちはもっと単純に、「体罰を受けた人たちは過去の実体験から体罰が競技力向上の手段として効果的であることを学んでいるのではないか」と仮説を立てて実際に検証することにしました。つまり、体罰を受けた人たちが、過去の実体験から体罰が競技力向上の手段として効果的であると考えるようになる背景には、当人が過去に運動パフォーマンスの改善や勝利などといった望ましい結果が得られた際に、その主たる原因を体罰に繰り返し求めてきたからではないかということです（これを心理学では原因帰属と言います）。実際、全国大学体育連合（2014）の調査結果を参照すると、「体罰を受けたその後」について複数の選択肢を設けて学生に回答（複数回答可）を求めた結果、「精神的に強くなった」（58・4％）や「技術が向上した」（22・5％）、「試合に勝てるようになった」（10・7％）など望ましい結果に関する選択肢を選ぶ学生が一定の割合で存在することを報告しています。本来、運動パフォーマンスの改善や勝利などといった望ましい結果は体罰だけが主たる原因ではなく、練習の回数や強度、体罰を受けてもなお競技を続けようとする本人の動機づけなど自分自身にある可能性（日本行動分析学会、2014）も想定できるはずです。それにもかかわらず、望ましい結果が得られた際に、その主たる原因を体罰に誤って帰属してきた人たちが、体罰が競技力向上の手段として効果的であることを学習している、ひいてはその効果を根拠に体罰を容認しているのではないかと考えました。

実際の調査については、オンライン上で18歳以上の一般人を対象に行いました（内田ほか、2020）。その結果、次の結果が明らかになりました。まず、過去の研究において繰り返し報告されてきたように、過去に体罰を受けた人たちの方が、そうでない人たちよりも体罰に対して容認的な態度を示しやすい傾向が認められました。過去の研究においても、そして私たちが

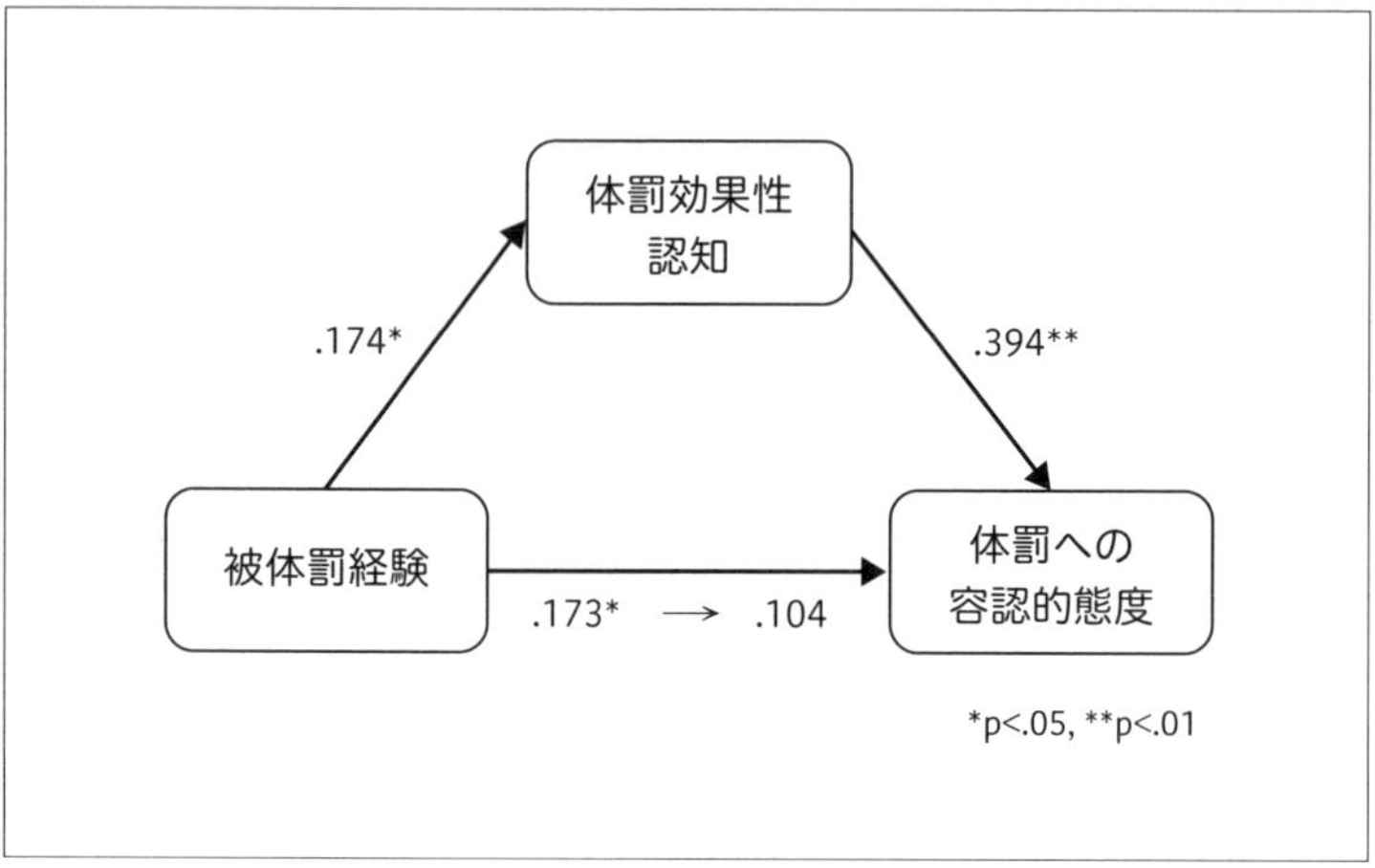

図3　過去の被体罰経験が体罰効果性認知を介して体罰への容認的態度に影響することを表す分析結果（内田ほか（2020）より Figure 2 を転載）

行ったオンライン調査においても同様の結果が認められるということは、それだけ過去に体罰を受けた経験は、将来的に体罰への容認的な態度の形成に影響することが疑いようのない事実であることを示しています。そして、先に説明した通り、過去に体罰を受けた経験は「体罰が競技力を向上させる手段として効果的であると思う程度」（内田ほか（2020）は、これを体罰効果性認知と呼んでいます）を介して体罰への容認的な態度の形成に影響することが明らかとなりました（図3）。

　この結果は、体罰に対する容認的な態度を変容させるうえで何が大切かを示しています。それは、運動部活動中にたとえ体罰を行使したところで、競技力向上には効果がないと教育することが大切だということです。過去に体罰を受けた経験は、体罰が競技力を向上させる手段として効果的であるという認知を介して体罰への容認的態度に影響するわけですから、両者を結びつけている体罰効果性認知を下げるような教育を施すことで変容させられる可能性があるということです。

7 体罰を根絶するために…

では、実際に体罰効果性に対する認知をどうやって下げれば良いのでしょうか。これには、二つの方法が考えられます。一つは体罰の問題点について徹底的に知識として教育することです。そもそも、体罰によって行動が変わるという主張には科学的な根拠がありません。これは、日本行動分析学会が２０１４年に発表した「『体罰』に反対する声明」(日本行動分析学会、2014) のなかではっきりと述べられています。この声明では、行動分析学に関する過去の研究成果を引用しながら、なぜ体罰に効果がないのか、またなぜ体罰による指導が問題なのかが説明されています。たとえば、体罰をすることで一時的に望ましくない行動をやめさせることができても、少し時間がたった後で再びその行動が生じてきたり、指導者がいない、あるいは指導者の目の届かないところでその行動が生じてしまったりしているなど、体罰の効果が一時的で状況に依存しやすいことが説明されています。こういった過去の研究成果に基づいて体罰の問題点について理解してもらうことが、体罰効果性に対する認知を下げる第一歩として大切なのではないかと考えています。

もう一つは、体罰に頼らない望ましい指導方法について教育することです。体罰の問題点を知識として理解させたところで、それに代わる望ましい指導方法を知らなければ、結局のところ暴力的な指導に行きついてしまう可能性を否定できません。したがって、体罰に頼らない望ましい指導方法について教育することはとても大切なことだと言えます。この点については、2013年以降、日本体育協会（現日本スポーツ協会）を中心として急速に整備が進んでいます。特に、これから指導者を目指す人たちを対象とした、コーチ育成のためのモデル・コア・カリキュラム（日本体育協会、2016）は、グッドコーチとなるために必要な資質・能力を詳細に定義するとともに、その資質・能力を獲得するための具体的な道筋が示されています。実際、このカリキュラムに基づいて大阪体育大学では、将来運動部の指導者になる可能性の高い学生を対象に「運動部指導実践論」が開講されています（大阪体育大学、2017）。これからさらにモデル・コア・カリキュラムに基づいた教育が全国的に展開されていくことが待ち望まれます。

運動部活動での体罰を根絶することは今すぐには難しいかもしれません。しかし、私たち一般人が何気なく持っている体罰に対する認識が変わることで、また、コーチ育成の取り組みが軌道にのることで、今よりも運動部活動での体罰を減らすことは可能であると考えています。今後、体罰根絶に向けた様々な取り組みが結実して、運動部活動の現場から体罰が根絶されることを強く願っています。

【引用文献】
兄井彰・永里健・竹内奏太・長嶺健・須崎康臣（2014） 将来教員を志望する大学生の体罰に関する意識調査、福岡教育大学紀要、63, 95-101
朝日新聞（1985a） 「陸上部の娘、体罰で自殺」と慰謝料求め提訴 岐阜 朝日新聞 6月8日夕刊、11
朝日新聞（1985b） 大宮・西中バレー部員、顧問に殴られ入院 朝日新聞 9月26日朝刊、22
朝日新聞（2013a） 体罰翌日、高2自殺 部顧問、平手でたたく 大阪市立桜宮【大阪】 朝日新聞 1月8日夕刊、1
朝日新聞（2013b） 体罰 運動部員6割容認――3大学に本社アンケート 朝日新聞 5月12日朝刊、16
朝日新聞（2017） ツイッターで体罰発覚 武蔵越生高、コーチ解雇／埼玉県 朝日新聞 6月14日朝刊、21
朝日新聞（2019） サッカー部監督、解任 出水中央高、部員への暴力／鹿児島県 朝日新聞 10月12日、朝刊、29
Festinger, L.（1957） A theory of cognitive dissonance. Evanston, IL: Row, Peterson.
フェスティンガー・L、末永俊郎（監訳）（1965） 認知的不協和の理論――社会心理学序説、誠信書房
平井祐太（2013） 体罰実態調査の在り方を考える――桜宮高校体罰事案から学ぶもの、立法と調査、347, 102-111
平田忠・小松恵一（2017） 高校の部活動における体罰経験と体罰に対する評価をめぐって――仙台大学の場合と他大学による調査との比較研究、仙台大学紀要、48, 23-36
楠本恭久・立谷泰久・三村覚・岩本陽子（1998） 体育専攻学生の体罰意識に関する基礎的研究――被体罰経験の調査から、日本体育大学紀要、28, 7-15
日本行動分析学会（2014） 「体罰」に反対する声明 Retrieved from http://www.j-aba.jp/data/seimei2014.pdf［２０２０年３月閲覧］
日本体育協会（2016） 平成27年度コーチ育成のための「モデル・コア・カリキュラム」作成事業報告書 Retrieved from https://www.japan-sports.or.jp/Portals/0/data/ikusei/doc/curriculum/modelcore.pdf［２０２０年３月閲覧］
大阪体育大学（2017） 平成28年度「スポーツキャリアサポート戦略」における「コーチとしてのキャリア形成支援プログラム」実施報告書 Retrieved from http://ouhs-dash.jp/pjlist/pdf/Dash_Report_170627.pdf［２０２０年３月閲覧］

坂本拓弥（2015）　体罰・暴力容認の一つの背景とその変容可能性、体育学研究、60, R3_1-R3_8.　Retrieved from https://www.jstage.jst.go.jp/article/jjpehss/60/Report/60_60.R3/_pdf/-char/ja［２０２０年３月閲覧］
庄形篤（2018）　体罰肯定意識の形成過程と〈成長〉に収斂する運動部活動の構造――事例研究による可能性の示唆、早稲田大学大学院スポーツ科学研究科博士論文
高橋豪仁・久米田恵（2008）　学校運動部活動における体罰に関する調査研究、教育実践総合センター研究紀要、17, 161-170.
為末大（2017）　スポーツにおける体罰の背景――根絶に向けて取り組めること、心理学ワールド、77, 17-20
東京都教育委員会（2014）　体罰根絶に向けた総合的な対策の策定について　東京都教育委員会　Retrieved from https://www.kyoiku.metro.tokyo.lg.jp/school/content/physical_training_and_club_activity/release20140123_02.html［２０２０年３月閲覧］
内田遼介・寺口司・大工泰裕（2019）　運動部活動場面における体罰と鍛錬の境界――人は如何なる行為を体罰と判断しやすいのか?、２０１８年度 笹川スポーツ研究助成 研究成果報告書、pp.300-306
内田遼介・寺口司・大工泰裕（2020）　運動部活動場面での被体罰経験が体罰への容認的態度に及ぼす影響、心理学研究、91, 1-11　https://doi.org/10.4992/jjpsy.91.18011［２０２０年３月閲覧］
全国大学体育連合（2014）　運動部活動等における体罰・暴力に関する調査報告書　Retrieved from http://daitairen.or.jp/2013/wp-content/uploads/2015/01/f2cb4f9e1c5f5e1021e44042438f44ab.pdf［２０２０年３月閲覧］

第3部

アスリートのメンタル

——最新の話題

第8章　トップアスリートのメンタルヘルス

野口順子
(独)日本スポーツ振興センター、国立スポーツ科学センター
衣笠泰介
(独)日本スポーツ振興センター、国立スポーツ科学センター

1　はじめに

近年、特に諸外国ではオリンピック・パラリンピック競技大会のような国際舞台で活躍するアスリートが、華やかな競技成績の裏側でこころの健康、つまりメンタルヘルスを脅かす症状や障害に悩んでいるという告白が相次いでいます。それらのことから、ハイパフォーマンススポーツにおけるアスリートのメンタルヘルスについての注目が高まっています。独立行政法人日本スポーツ振興センター（JSC）は、アスリートが競技を始めてからオリンピックやパラリンピックでメダルを獲るまでの道のりは17年前後かかることを公表しました（JSCアスリートデータブック、2018）。その間、アスリートは、高い負荷がかかるトレーニングやわずかな差で勝敗が決まる厳しい試合を繰り返し、周囲からの過度な期待によってストレスのかかるライフスタイルを伴うことから、一般と比較してメンタルヘルスを阻害する要因となる経験を多く積んでいると言われます（Schinke ほか、2018）。これまでに、ハイパフォーマンススポーツに

おいてメンタルヘルスの症状や障害を引き起こす可能性のあるストレス要因は640以上あることが研究によって報告されています（Fletcher & Sarkov, 2012）。

2016年のリオデジャネイロ・オリンピック・パラリンピック大会終了後、次々とトップアスリートのメンタルヘルスに関わる問題がメディアを通して明らかになりました。たとえば、オリンピックで28個のメダルを獲得した競泳のマイケル・フェルプス選手（米国）が、大うつ病を経験し飲酒運転で二度検挙されたことが報じられました。ロンドンとリオデジャネイロ大会で2大会連続金メダルを獲得した競泳のミッシー・フランクリン選手（米国）や、ソチと平昌大会のアルペンスキー金メダリスト、ミカエラ・シフリン選手（米国）もうつ病を告白しました。一方、ここ1、2年でメンタルヘルスに関する合意声明や意見表明報告書等が国際オリンピック委員会（IOC）を始め多くの国際関連組織（学会や協会等）から相次いで出され（Gorczynski ほか、2019; Henriksen ほか、2019; Moesch ほか、2018; Neal ほか、2013; Reardon ほか、2019; Schinke ほか、2018; Van Slingerland ほか、2019）、中央競技団体等のメンタルヘルス対策の必要性が問われています。加えて、2018年ブエノスアイレスで行われたIOC総会で「アスリートの権利と責任の宣言」が採択され、アスリートの権利の中の一つに、「安全な競争および練習環境を含めた精神的・身体的健康の保護、そして虐待およびハラスメントからの保護」が謳われました（IOC, 2018）。また、諸外国でも国としての制度や環境・機能整備が始まっています。たとえば、イギリス、オーストラリア、カナダ、ニュージーランドなどの諸外国では、トップアスリートが練習するトレーニングセンターやスポーツ医科学サポート・研究拠点などに、メンタルヘルスの問題に関わる予防・対策機能を新たに設ける国際的な潮流が見受けられます。一方、日本でも、代表選手に対する国費投入、自国開催や代表争いに伴うプレッシャー、競技生活の継続・延長の危機、オーバートレーニング症候群等、国際競技大会で活躍するトップアスリートが抱える心理的な課題が表面化してきています。

トップアスリートのメンタルヘルスについては、国内外のメディアや学術論文等でも取り上げられ注目度は上がってきていますが、その概念はまだ明確ではないのが現状です（Moesch ほか、2018）。そこで、ＪＳＣハイパフォーマンススポーツセンター（ＨＰＳＣ）では、アスリートのウェルビーイングやメンタルヘルスに関する研究を開始しました。東京オリンピック・パラリンピック競技大会を控え、日本では、スポーツの価値を護るためにスポーツインテグリティの法・制度・環境整備が進んでいます。一方で、２０２０年の自国開催以降にアスリートのウェルビーイングやメンタルヘルスを護るあるいは促進する取り組みが加速することでしょう。そこで本章では、ハイパフォーマンススポーツにおけるメンタルヘルスについての動向や概念を整理し、今後の日本における取り組みの可能性について紹介します。

2 アスリートのメンタルヘルスとは

メンタルヘルスは、一般的に症状と障害に分けられます。IOCは、メンタルヘルス症状を「より一般的であり、重度かもしれないが特定の診断基準に合致するパターンで起こらず、必ずしも機能障害や重度の苦痛の原因にはならない状態」、メンタルヘルス障害を、「精神障害の診断と統計マニュアル第5版や国際疾病分類の診断基準に合致する臨床的に重度の苦痛や機能障害の原因となる健康状態」と定義しました（Reardonほか、2019）。これらは、睡眠障害や睡眠不安、うつ病、不安や関連障害、心的外傷後ストレス障害、摂食障害、注意欠陥・多動性障害、双極性障害・精神病性障害、スポーツ関連脳震盪、物質使用及び物質使用障害、ギャンブル依存症・その他行動中毒、自殺などを含みます。Gouttebargeほか（2019）の研究によると、特にアスリートに最も多くみられる症状・障害は、苦痛、睡眠障害、不安・うつ病、そしてアルコールの誤用であることが明らかになりました。具体的に、現役選手のメンタルヘルス症状・障害は、アルコールの誤用（19％）から不安・うつ（34％）、引退選手は苦痛（16％）から不安・うつ病（26％）などが報告されました。

3　トップアスリートはメンタルヘルス症状・障害リスクが高いのか

メンタルヘルス症状と障害は、生涯で経験する人は3人に1人という研究結果（Steel ほか、2014）もあるなど、一般的にも珍しいことではありません。一方、現役・引退アスリートのメンタルヘルス症状・障害有病率は、16〜34％であることが報告されています。アスリートが一般の人よりも有病率が高いか否かは、比較研究が少ないため明言はできませんが、わずかに高いとするいくつかの研究結果もあります。そして、メンタルヘルス症状・障害の発症年齢は、トップアスリートのピークパフォーマンス年齢（オリンピック・パラリンピックのメダリスト平均年齢は26歳（ＪＳＣアスリートデータブック、2018））と関係していることが示唆されています（Moesch ほか、2018）。たとえば、オーストラリアのオリンピック代表選手を対象としたメンタルヘルスの調査研究では、回答者の半数近く（46・4％）が何らかのメンタルヘルス症状があり、その多くがうつ病、摂食障害、心理的ストレスを抱えていたことが明らかになりました（Gulliver ほか、2015）。また、イギリスのオリンピック代表選手を対象とした研究では、うつ病・不安、キャリアへの不満が多かったことが報告されています（Foskett & Longstaff, 2018）。つまり、オリンピックやパラリンピックで戦う選手の多くは、メンタルヘルス症状・障害のリスクを抱えているということになります。

一方、選手を引退した後も、メンタルヘルス症状・障害の発症リスクが伴います。現役を引退する移行期、怪我などによる不本意な引退、アスリートとしてのアイデンティティの喪失、引退後の計画の欠如、低学歴、引退後の失業（雇用の不安定性）、体の慢性的な痛み等も、引退選手にとってメンタルヘルス症状・障害を引き起こす要因になり得るからです（Gouttebarge ほか、2019）。また、因果関係はまだ明らかになっていませんが、脳震盪と引退後のメンタルヘルス症状・障害の間に何らかの関係性があることが複数の研究で報告されています。さらに、メンタルヘルスケアを受けることに対する社会的環境や文化のバリア（社会的・個人的な汚名と捉える見解、メンタルヘルスサービスのない国出身であること、メンタルヘルスリテラシーの欠如、過去のネガティブな経験、忙しいアスリートのスケジュール、メンタルヘルスをサポートする環境等）の要因についても指摘されています（Reardon ほか、2019）。つまり、スポーツ特有のストレス要因のほかに社会的な環境要因もアスリートのメンタルヘルスに影響を及ぼすことがわかっています。

4　国際スポーツ機関による合意声明・意見表明の動きが加速

２０１８年ブエノスアイレスで行われたＩＯＣ総会で「アスリートの権利と責任の宣言」が採択されました。アスリートの権利の中の一つに、「安全な競争および練習環境を含めた精神的・身体的健康の保護、そして虐待およびハラスメントからの保護」が謳われています（IOC, 2018）。怪我の受傷はメンタルヘルス症状・障害を引き起こし、メンタルヘルス症状・障害が怪我や回復の遅延につながるなど、身体的な健康と心理的な健康が相互に影響していることがわかっています。しかし、フィジカルヘルス（身体的健康）における取り組みと比べて、アスリートのメンタルヘルスの症状・障害の診断やマネジメント（予防・対処等）に関して国際的な合意に基づくガイドライン等根拠が少ないことが指摘されました（Reardon ほか、2019）。また、トップアスリートを対象としたメンタルヘルス関連の研究が年々増えている（Moesch ほか、2018）中で、トップアスリートにおけるメンタルヘルスの実情に対してコーチ、医療従事者、スポーツ心理学者、チームメイト等が根拠に基づいた対策を講ずる必要性が高まっています（Schinke ほか、2018）。そのため、学会や協会を含む様々な国際スポーツ機関が、この2年間で立て続けにエビデンスに基づく合意声明や意見書もしくは立場声明等を発表しました（表1）。

これらの合意声明や意見表明の中で、ハイパフォーマンススポーツにおけるアスリートのメンタルヘルス向上や予防・対策をする上で重要な観点を整理しました（表2）。

この中でも重要なことは、アスリートを取り囲むアントラージュ（コーチや保護者等）がトップアスリートの抱えるメンタルヘルスについて理解を深めるだけでなく、中央競技団体等がアスリートのメンタルヘルスを最適に護り、メンタルヘルス障害のあるアスリートに対して徹底的なケアを提供する支援体制を整備していく必要があります（Henriksen ほか、2019）。

表1　様々な国際スポーツ機関による声明や意見書

組織名	文献	形式	主な内容
英国スポーツ・運動科学学会 (BASES, British Association of Sport and Exercise Sciences)	Gorczynski ほか, 2019	専門家6名の意見書	メンタルヘルスの問題に対して個人が積極的に関与して意思決定を行うため、根拠に基づいたメンタルヘルスリテラシープログラムの開発・評価・解釈について示す。
カナダメンタルヘルス・スポーツセンター (CCMHS, Canadian Centre for Mental Health and Sport)	Van Slingerland ほか, 2019	専門家20名による立場表明	カナダのスポーツ界で統一されたメンタルヘルスの支援基盤を構築するため、参加型アクションリサーチの手法を適用して見出された、スポーツ特化型メンタルヘルスケアの支援モデルとして6つの原則を示す。
ヨーロッパスポーツ心理学会（FEPSAC, The European Federation of Sport Psychology)	Moesch ほか, 2018	専門家6名の意見書	ヨーロッパ6カ国（フランス、ドイツ、イギリスと北アイルランド、ハンガリー、イタリア、スウェーデン）におけるこれまでの支援体制について批判的にレビューし、メンタルヘルスに対する最適な支援体制を構築するための13項目を示す。
国際オリンピック委員会（IOC, International Olympic Committee)	Reardon ほか, 2019	13カ国21名から構成されるIOCワーキンググループによる合意声明	トップアスリートのメンタルヘルスの症状と障害に対して、根拠に基づくより標準化された対策を進めるため、現状を批判的にレビューした上でメンタルヘルスの実践者および研究者への推奨事項を提言する。
国際スポーツ心理学会（ISSP, International Society of Sport Psychology)	Henriksen ほか, 2019	ISSP主導国際的なシンクタンクからの専門家7名による合意声明	2018年に出されたISSPの立場表明を受けて、主要なスポーツ心理学組織を統合した国際シンクタンクを形成し、アスリートのメンタルヘルスの実践および研究における現状と将来の課題について6つの提言を示す。
国際スポーツ心理学会（ISSP, International Society of Sport Psychology)	Schinke ほか, 2018	専門家4名による立場表明	スポーツ心理学の研究者、実践者、スポーツ参加者、利害関係者の理解を支援するため、仮説10項目を設定して国際スポーツ心理学会のメッセージを示す。
全米アスレティックトレーナーズ協会（NATA, National Athletic Trainers' Association)	Neal ほか, 2013	専門家11名による合意声明	「大学レベルでの心理的懸念を持つ学生アスリートの認識と専門家への照会の計画に関する合意声明」のエグゼクティブ・サマリーを示す。

表２　アスリートのメンタルヘルスに関する将来的な取り組みの方向性（Reardon ほか、2019 から JSC にて改変）

エビデンスベース＝学術的・実践的知見の重要性	メンタルヘルス障害ではなく症状のあるアスリートに焦点を当てた研究、国や文化のアクセシビリティの違いを考慮した研究、脳震盪のリスク要因としてのメンタルヘルス症状・障害に関するデータの蓄積、メンタルヘルススクリーニングに関する研究、心理療法や薬理学的治療を含む対処に関する研究、パラアスリートのメンタルヘルスに関する研究、コーチの介入だけでなく保護者を含むアントラージュの役割に関する研究等。
アクセシビリティの向上／サポート環境の創出	身体的健康のための医・科学的ケアと同様にアクセスが可能な領域にするための、国や文化を考慮した臨床サービスの構築。
理解促進＝教育	アスリート、コーチ、ステークホルダーの知識・理解向上を図ることで、メンタルヘルスを求めることを是とする風土の醸成（メンタルヘルスのサポートを求めることは、競技力向上のためにメンタルタフネスやフィジカルヘルスを追求することと同様に重要であることの理解等）。また、コーチを通してストレス要因に対する健康的な反応をアスリートに教えることでポジティブな心理的成長を促しウェルビーイングの促進につながることから、組織的なコーチ教育が必要。
分野横断型のケア	怪我や病気から復帰するための生理学的なリカバリーや身体的・心理的側面での最適な準備など多角的かつ横断的なケアやサポートが必要。

5　アスリートのメンタルヘルスに関する諸外国の取り組み事例

２０１６年のリオデジャネイロオリンピック・パラリンピック競技大会終了後、トップアスリートの相次ぐメンタルヘルス症状や障害の告白により、ハイパフォーマンススポーツ界にある種のパラダイムシフトが起こりました。それは、国際的な競技力の競争構造が激化してもなおメダルの獲得だけでなく、アスリートが身体的、精神的、社会的に満たされた状態（ウェルビーイング）にあるべきとの価値観を重視して、政策面、制度面、環境面、機能面での変革に着手する国が現れたことでより顕著となりました。ここでは、イギリス、オーストラリア、カナダ等の事例を用いて、世界の動きをみていきます。

(1)イギリス

イギリスは、２０１２年ロンドンオリンピック・パラリンピック競技大会を自国で開催しました。国のハイパフォーマンススポーツを統括するのは、ＵＫスポーツという政府系スポーツ機関です。ＵＫスポーツは、自国開催大会のオリンピックで金メダルランキング4位、パラリンピックで2位という目標を掲げました。その上で２００５年の自国開催決定以降約7年間で構築した様々な制度改革を行いました。たとえば、メダルを獲得できる競技種目（団体およびアスリート）に重点的に資源を投下するターゲットアプローチを採用し、競技団体の持続的なパフォーマンス強化を支える組織力向上を目指した検証・評価システム「ミッション２０１２」の構築、アスリートのスポーツ医科学支援拠点の機能強化などが挙げられます。その結果、２０１２年はもちろんのこと、２０１６年リオデジャネイロオリンピック・パラリンピック競技大会（２０１６年リオ大会）では、歴史上初めて自国開催大会の次大会で自国開催大会を上回る成績を収めた国となりました。これにより、イギリスは世界のハイパフォーマンススポーツシステムのモデルとなりました。

イギリス政府は、日本のスポーツ基本計画に相当するスポーツ政策文書「Sporting Future: A New Strategy for an Active Nation」（２０１５年12月策定）において成果の５本柱に精神的健康を含んでいました。２０１６年リオ大会終了後に、オリンピックやパラリンピックで活躍したアスリートによる自身の苦しみについての告白などが重なったことで、アスリートのウェルビーイングに対するケアの重要性が社会的に認識されるようになります。２０１８年３月に、当時のスポーツ・市民社会担当相は、初のエリートスポーツメンタルヘルス行動計画（Mental Health Action Plan for Elite Sport）を発表しました（表３）。国が助成する中央競技団体をはじめとするハイパフォーマンススポーツ関連機関は、ここで示す方向性に基づき、それぞれの強化計画や業務計画にアスリートがメンタルヘルスサポートにアクセスできるようになるための明確な道筋を示すことが求められています。

同時期に、ＩＯＣの合意声明でも国や文化の違いを考慮した研究の必要性が示されていまし

表 3　イギリスのエリートスポーツにおけるメンタルヘルス行動計画（JSC による改変）

	行動	主体
1	新たなメンタルヘルス戦略を実行することにより、エリートスポーツにおける高水準のメンタルヘルス支援を確立する。この戦略は、精神的健康を促進し、メンタルヘルスの問題の適切な指針と紹介を提供する。	UK スポーツ（英国アスリート委員会（BAC）、各国スポーツ研究所、マインドによる支援）
2	タレントパスウェイのあらゆる段階で、メンタルヘルス支援が利用可能であり、身体的健康と同様に促進される。	スポーツ・イングランド（スポーツエイド（SportsAid）、Talented Athlete Scholarship Scheme (TASS)、コモンウェルス・ゲームズ・イングランド（CGE）、NGBs を含む他の主要パートナーと協力）
3	選手協会がメンバーに提供するサポートが成功事例を引き続き提示されるようにする。（利用可能なリソースに応じて、プレーヤーの権利が尊重されることを保証すること、スポーツから離れた後の人生のためのサポートと準備、悪影響を減らし、利用可能なサポートについての認識を高めるキャンペーン、秘匿性が担保された独立したカウンセリングと臨床サポートへの自由なアクセス、苦難の時の財政支援の提供に焦点を当てること）	プロ選手協会（プロ選手連盟（PPF）による支援）
4	すべてのレベルのスポーツコーチとパフォーマンスサポートスタッフに対する公式および非公式の学習機会にメンタルヘルスサポートの内容を統合する。	UK コーチング
5	分野全体で「Thriving at Work（職場でのメンタルヘルス・ウェルビーイングに関するレビュー報告書）」の提言の実行を支援するための、特定のスポーツ関連リソースを制作・普及する。雇用者が、従業員（競技者、コーチ、ボランティア、管理者、パフォーマンススタッフを含む）のメンタルヘルス・ウェルビーイングをより良く支援できるようにする。	マインド（チャリティ団体）、スポーツ・レクリエーション同盟
6	スポーツ部門全体で優良事例を共有することを奨励する。	スポーツ・レクリエーション同盟

たが、イギリスでも、UKスポーツが競技団体の風土に関する調査（カルチャー・ヘルス・チェック）を682名のエリートアスリートを対象に実施しました。その結果、約3分の1が自分にマイナスになる心配や恐怖心を抱くことなく率直にフィードバックをする機会はないと回答し、24％がメンタルヘルスの最適化に向けた競技団体の評価に不満があるという結果が出ました。このことから、アスリートのフィードバックプロセスとメンタルヘルス・ウェルビーイングの最適化の必要性が明らかになりました。そこで、UKスポーツは、国内全土に専門のオフィサーを配置するための助成金を配分するとともに、身体的・精神的両方の健康課題に対する支援提供の改善を行い、さらに競技団体による行動計画の策定を通して、支援へのアクセシビリティの担保、臨床実践施策の向上、競技団体の強化計画との連動性の担保などを国として取り組むべき指針として提示しました。

　これらを根拠として、イギリスにおけるアスリートのメンタルヘルスサポートの強化が加速します。UKスポーツとEnglish Institute of Sport（EIS）は、2018年10月にメンタルヘルスに特化した戦略（ハイパフォーマンスシステムにおけるメンタルヘルス戦略）を策定しました。ここでは、発症したメンタルヘルス症状に対処する早期介入だけでなく、教育によるリスク予防や、メンタルヘルスの向上を目的に掲げています。その中で、個人個人がメンタルヘルス向上や潜在的な問題となる要因を自己認識するための教育と、アスリートに対するサポートパッケージが提供されることが明記されています。また、身体的な健康と同等な教育やサポート提供を可能にする肯定的なメンタルヘルス環境を生み出すためのキャンペーンの開発や継続的な情報提供も構成要素の一つとして含まれます。さらに、毎年の競技団体の風土を検証するためのカルチャー・ヘルス・チェック実施によるフィードバックを受けて戦略推進の有効性に関する確認と改善が行われることが示されました。メンタルヘルスは、ハイパフォーマンススポーツに携わるすべての人にとって重要であると位置づけ、その対象をアスリートだけでなくシニアリーダー、コーチ、スポーツ医科学サポートスタッフ、マネジメントスタッフまで含んでおり、広範囲に捉えていることが伺えます。

イギリスは、同戦略を進めるため、全国8ヶ所に点在するスポーツ医科学支援拠点であるEISの中に、メンタルサポート機能を設置し、2018年12月からスポーツ心理学の専門家であるジェームス・ベル博士を当該部門長に任命しました。同氏は、UKスポーツにおいて競技団体の風土改革を担うために新設されたカルチャーユニット長でもあります。ジェームス・ベル博士から直接話を聞く中で、EISはアスリートに、UKスポーツは競技団体に焦点を当てて取り組みを進めることで、個人と組織の両方に働きかけてイギリスのハイパフォーマンススポーツシステム全体のメンタルヘルス向上を図っていく狙いがあることがわかりました。

イギリスのメダル獲得の可能性が高いアスリートは、UKスポーツのワールドクラスプログラムの対象として、様々な国のサポートを受けることができます。それらのアスリートが、EISや競技団体のスポーツ医科学サポートスタッフ、もしくはイギリスアスリート委員会に相談すると、ＥＩＳの専門家によるアセスメントを受けたのち、その問題や症状に合わせた専門医（精神科医、臨床心理士等）を紹介され、介入プログラムを受ける仕組みが検討されています。そのため、ＥＩＳではメンタルヘルス照会プログラムを開発し、適切なアセスメント後の専門医への照会制度を設けています。また、アスリートに日々直接対峙するスポーツ医・科学スタッフもメンタルヘルスファーストのトレーニングを受けているとの報告もあります。競技力向上にとって、身体的な準備だけでなく精神的準備も同様に重要な優先事項であると位置づけ、栄養士、フィジオセラピスト、ライフスタイルアドバイザー等の医・科学スタッフがメンタルヘルスの重要性を認識し、リスク要因等に関する知識を持つことは、メンタルヘルスサポートへのアクセシビリティを高めるために大切な取り組みの一つであることが伺えます。

また、イギリスには、次世代のトップアスリート候補である高校生から大学生年代を対象として、タレントアスリートのデュアルキャリアを支援する「Talented Athlete Scholarship Scheme (TASS)」があります。ＴＡＳＳは、メンタルヘルス専門企業とパートナーシップを構築し、５００名以上のタレントアスリートがＴＡＳＳを通じて精神科医、心理学者、カウンセラー等の専門家ネットワークへの24時間アクセス可能となる仕組みを整備すると報じられました。これによりアスリートは、ＴＡＳＳが提供する年間サポートプログラムの一環として、カウンセリングサービスを利用することが可能となります。

イギリスのアスリートへのメンタルヘルスサポートは、今に始まったことではありません。

しかし、国としてアスリート（及びそれを支える関係者）のメンタルヘルス向上と予防・介入に関する計画や戦略を提示し、各関係団体がそれぞれの役割の中で、改善・強化を図りはじめたのは最近のことです。今後、これらの取り組みがどのような成果を生み出すのか注目していきます。

(2) オーストラリア

オーストラリアは、１９７６年モントリオールオリンピック競技大会での惨敗（金メダル０個）をきっかけに、国としてアスリートのトレーニングやスポーツ医科学支援・研究を推進することを目的とする国立スポーツ研究所（Australian Institute of Sport: AIS）を設立しました。その後、自国開催のシドニーオリンピック・パラリンピック競技大会（２０００年）で、金メダル16個を獲得し世界第４位になります。その後オーストラリアはハイパフォーマンススポーツにおける強豪国となり、多くの国がそのモデルを参考にしました。しかし、２０００年以降、メダルの獲得数や入賞者の数などの結果は下降傾向を辿っています。２０１２年には、政府が初めて強化戦略の方針（Australia's Winning Edge）を策定し、ＡＩＳスカラーシップ制度の廃止や競技団体の検証・評価システムの改善など様々な仕組みの改善を図りましたが、２０１６年リオデジャネイロオリンピック競技大会の金メダルランキングは10位と結果は奮いませんでした。

その後、オーストラリアのスポーツは、２０１８年に政策的に大きな転換期を迎えます。そして、この動きの中で、アスリートのメンタルヘルスに関わる方針と制度の整備が加速しました。一つは、オーストラリア連邦政府がスポーツ基本計画「Sport 2030」を公表し、その成果の一つとして、身体的・精神的健康（フィジカル・メンタルヘルス）が掲げられたことにあります。これにより、メンタルヘルスを含むアスリートのウェルビーイングとパスウェイプログラムに、国家予算を投じることが公表されました。もう一つは、ＡＩＳが、アスリートウェルビーイング・エンゲージメント部門を設置し、その中でも特にメンタルヘルスを最優先事項として位置づけることが明らかになりました。

部門長には、15年間プロスポーツでアスリートウェルビーイングの仕組みやプログラムを構築・推進してきた経験を持つマティ・クレメンツ氏を迎えました。マティ氏は、アスリートのメンタルヘルスやウェルビーイングは、アスリートの強化を担う競技団体が主体的に取り組むべきであることを強調しました。また、２０１８年に開催された Athlete Wellbeing Summitでは、アスリートのメンタルヘルス・ウェルビーイングの低下や悪化の引き金となる事象として、負傷やパフォーマンスの低下、引退、キャリアトランジションがあり、スポーツ以外のアイデンティティの形成や精神面の準備を含めた全人的なアスリートの育成やキャリア開発が鍵となることも強調しています。さらに、スポーツ界と地域社会との間で相互利益を創出するためにアスリートが架け橋となり得ることを踏まえてアスリートが社会に広く関与する仕組みも重要との見解も示しました。このことから、従来ＡＩＳで取り組んできた個人の成長やキャリ

表4　AIS アスリートウェルビーイング・エンゲージメント部門の構成
（AIS）参考 URL　ais.gov.au/health-wellbeing/awe［2020 年 3 月閲覧］

チーム	内容
メンタルヘルス	現役アスリートや引退アスリートに対して、危機管理や重大事故管理を含むメンタルヘルスに関する情報及び助言、サービスの成功事例へのアクセス提供。
行動・プロフェッショナリズム	法的権能、プロフェッショナル規程、ASC/AIS 行動規程、方針、手続きに基づきインテグリティ問題や次の段階を管理に関する調査や助言を実施。
個の成長	ウェルビーイングや個人の成長に関する情報や助言、対面やオンラインでの学習へのアクセス。
キャリア教育	教育、キャリアマッピング、能力開発、就労経験に関する情報や助言、対面やオンラインでの学習へのアクセス。
エンゲージメント	コミュニティへの関与やネットワーキングイベントの機会提供。アスリートのアスリート・ウェルビーイング＆エンゲージメントの活動に関するデジタルエンゲージメント

ア教育に加えて、メンタルヘルス、行動・プロフェッショナリズム、およびエンゲージメント機能を追加した5つのチームで当該部門が構成されています（表4）。

これらのチームはそれぞれが相互に連動しているため、切り離して考えることは難しいですが、ここではメンタルヘルスの取り組みについて紹介します。当該チームを率いる臨床心理士のマット・バターワース氏は、一番重要な点として、アスリートが重大な状況に陥るまで待たずにアスリートの日々の（精神的）健康に働きかけることをあげています。取り組みの一つは、メンタルヘルス照会ネットワークの構築と推進です。ここでは、基本的な精神面の健康状態のチェックから複合的な臨床対処計画まで広範囲に渡るサービスを提供しています。アスリートウェルビーイング・エンゲージメント部門長であるマティ・クレメンツ氏の話では、ＡＩＳが臨床系の心理学者、精神科医、神経心理学者等の専門家ネットワークを構築し、アスリートのアセスメントを通して適切な専門家に照会しメンタルヘルスサービスを受ける際には、そこで発生する費用の一定額を補てんする仕組みを検討していることがわかりました。そして、これらのサービス提供に関する情報を蓄積して、今後のアスリートのメンタルヘルス向上に向けた教育に活かしていくとの考えを示しました。

別の取り組みとして、専門企業と提携し、各競技団体から選ばれた現役・引退選手がメンタルヘルスの問題や自殺予防に対する啓蒙や必要な時に助けを求めることの重要性を説くために自身の体験や経験について話をするプログラムがあります。これにより、アスリートのメンタルヘルスや自殺予防に関する知識向上、アスリートのステータスやブランド力の向上、ロールモデルとしての行動改善や能力向上、そしてアスリート同士、競技間、地域社会を結び機運醸成の機会創出等につなげていく意図を持って取り組んでいます（ais.gov.au/custodians［２０２０年３月閲覧］）。オーストラリアでは、アスリートのメンタルヘルスやウェルビーイングは、常に状況が変化する中で安全な環境を整備しアスリートを保護するためのアスリート・パスウェイにおける注意義務（Duty of Care）と位置付けられています。

また、イギリスやオーストラリア以外の事例も複数あります。たとえば、カナダは、国のスポーツ機関であるスポーツカナダが、アスリートの身体的・精神的・感情的なウェルビーイング促進を表明しています。各州に設置されたCanadian Sport Institute（ＣＳＩ）が、分野横断型のサポートチームを組み、各競技団体の強化選手にスポーツ医・科学支援を提供しているのですが、それらのサポートチームにメンタルヘルスやウェルビーイングの専門家はほとんど配置されていません。２０１０年のバンクーバー・オリンピック・パラリンピック競技大会後の検証を踏まえ、すべてのナショナルチームのアスリートが競技が中でも外でも卓越するための支援策として、「ゲーム・プラン」というアスリートのウェルビーイングを包括的に支援するプログラムを設置しました。そこで、各州のＣＳＩにアドバイザーを1～2名配置し、アスリートのメンタルヘルス、個のスキル、教育、ネットワーク、および就業支援を展開しています。

たとえば、メンタルヘルスでは、24時間電話サービスやメール、および対面での個別カウンセリングなどが含まれます。しかし、各拠点において1名程度の人員では、到底十分なサービスを提供するのが難しいことは容易に想像できます。また、アスリートのメンタルヘルスに関わるスポーツ特有の問題について十分な知識を備えた精神科医、臨床心理学者、心理カウンセラーが少ないという課題がありました。その中で、カナダは、２０１７年に発足した分野横断型ワーキンググループでの調査研究を踏まえ、２０１８年9月にハイパフォーマンススポーツとメンタルヘルスに特化した組織（Canadian Centre for Mental Health and Sport）を設置しました。これは世界でも珍しく、スウェーデンについで世界で二番目の事例だそうです。

このように、ハイパフォーマンススポーツにおけるアスリートのメンタルヘルスに関する国としての支援体制や機能整備が進んできていることがわかります。当然それまでも各国の専門家は個別のメンタルヘルスサポートを提供してはいましたが、国あるいは国のスポーツ機関が戦略や方針を打ち出し、アスリートのスポーツ医科学支援を提供する拠点等に、身体的健康だけでなく精神的健康を促進あるいは予防・対処するための機能を設置しています。また、多様な症状や障害に対応するために専門家ネットワークを構築してアスリートが適切なプログラムを受けることが可能な照会制度を設けることで、アスリートのメンタルヘルスサポートへのアクセシビリティを向上させています。さらに、アスリート自身のみならずコーチやスポーツ医・科学サポートスタッフを含むアントラージュも、メンタルヘルスの向上および問題への予防・対処について理解が必要なため方策の一つとして教育が含まれています。

つまり、それぞれの国としての主な方策には、国の文化や制度を踏まえた戦略・計画の策定、サービス環境の創出（アクセシビリティ、機能整備等）、及び教育の3つが含まれていることがわかります。また、メンタルヘルスは、アスリートウェルビーイングの一部であることから、メンタルヘルスだけでなく、学業・仕事との両立、引退移行期の準備、および個人のライフスキル向上やなどを含むデュアルキャリア教育・支援、そして地域社会との接点創出なども含んだ総合サポート機能を整備する傾向が見受けられます。その上で、アスリートだけでなく、コーチ、チームマネージャー、運営スタッフ、医・科学スタッフ、家族など、関わるすべての人が心身ともに健康な環境を創り出すことでアスリートのメンタルヘルスやウェルビーイングにつながるという視点に立ったプログラムの構築により対象範囲がアスリート以外に及ぶことも示唆されています。

6 ハイパフォーマンススポーツセンターにおける取り組み

もともと、メンタルヘルスの向上や問題予防・対処に関する取り組みは、プロスポーツが先進的に行っており、オリンピックやパラリンピック・スポーツでの取り組みはまだ始まったばかりです。日本でも、２０１９年のラグビーワールドカップや２０２０年の東京オリンピック・パラリンピック競技大会の開催を機に多くのアスリートが注目を浴び活躍しています。そしてアスリートの戦いを通して国民にスポーツの価値が届けられています。ここまで、アスリートがパフォーマンスを発揮するためには、身体的な準備だけでなく精神的な準備も同様に重要で、メンタルヘルスの向上を図ることで競技力向上につながることについて言及してきました。一方で、アスリートが日々置かれているスポーツ特有の状況や環境がメンタルヘルスを阻害する要因にもなることもわかっています。

日本のハイパフォーマンススポーツにおいてアスリートのメンタルヘルス向上への取り組みの重要性について国をあげて議論・検討がなされることは多くありません。最近では、2018年にメンタルトレーニング推進議員連盟が発足し、その中でメンタルヘルスについても言及されていますが、日本のアスリートのメンタルヘルスの実態に関する情報やエビデンスは少ないのが現状です。世界的にも、この分野における文化の違いを考慮したサポート環境の創出の必要性が謳われ、さらなる学術的・実践的知見の蓄積が必要とされています。そこで、JSCにおけるハイパフォーマンススポーツセンター／国立スポーツ科学センターでは、日本のアスリートに特化したメンタルヘルスとウェルビーイングの研究を推進しています。これまでも、JSCは、世界の動きを定点観測し、国際ネットワークを通じた調査の結果をスポーツ庁、スポーツ団体や教育機関、および地方公共団体等に提供してきました。

たとえば、2019年には、アスリートのメンタルヘルスやウェルビーイングを支える先進事例として専門家を招き、ニュージーランドラグビー協会がオールブラックスにおいて実施しているアスリートライフパフォーマンスプログラムの一部を、アスリートキャリアアドバイザー育成プログラムにて受講生が体験型で学ぶ機会を設けました。今後、国内におけるアスリートのメンタルヘルスの向上を促進するには、日本のアスリート自身の声や実態を反映したエビデンスを集め、日本の社会や風土にあった仕組みや環境、そして最適なサービスのあり方の整備を推進していく必要があるでしょう。

7　まとめ

本章では、ハイパフォーマンススポーツにおけるアスリートのメンタルヘルス症状・障害の現状やリスク要因、国際スポーツ機関や諸外国の動向、そして日本のトップアスリートの練習拠点でありスポーツ医・科学サポートや研究を推進するハイパフォーマンススポーツセンターとして開始した取り組みについて触れてきました。２０２０年東京オリンピック・パラリンピック競技大会を機に、アスリートのメンタルヘルスへのサポートやケアはさらに重要度を増すでしょう。ＩＯＣは合意声明の中で、「エリートアスリートの苦しみを軽減し、クオリティ・オブ・ライフ（ＱＯＬ）を向上させ、さらにスポーツが広義な意味で社会のモデルになる」ためにアスリートのメンタルヘルスの向上に注力しているとしています。また、ニュージーランドは、民族的・歴史社会的な影響から先進国で最も若者の自殺率が高く、国民のウェルビーイングは社会的に重要な価値の一つとなっており、スポーツ界も社会的責任の一つとしてその役割を担っていると考えられていることが専門家によって共有されました。このように、アスリートのメンタルヘルスやウェルビーイングの向上は、スポーツを通じて健康的で幸福で、そして快適な社会の創造に寄与し、スポーツの価値向上につながるものであると捉えることができます。ＪＳＣは、日本における唯一のスポーツの独立行政法人として、今後も国内外の関係団体と連携しアスリートのメンタルヘルスに関する調査研究を進めて、スポーツ政策の立案や推進に貢献する役割を担っていきます。

【参考文献】

Arnold, R. & Fletcher, D. (2012)　A research synthesis and taxonomic classification of the organizational stressors encountered by sport performers. J Sport Exerc Psychol 34:397–429.
Castaldelli-Maia, JM., Gallinaro, JGDME., Falcão, RS., Gouttebarge, V., Hitchcock, ME., Hainline, B., Reardon, CL., & Stull, T. (2019)　Mental health symptoms and disorders in elite athletes: a systematic review on cultural influencers and barriers to athletes seeking treatment. Br J Sports Med 53: 707-721.
独立行政法人日本スポーツ振興センターハイパフォーマンスセンター (2018)　アスリートデータブック：夏季版２０１８、日本スポーツ振興センターハイパフォーマンスセンター
Fletcher, D. & Sarkar, M.(2012)　A grounded theory of psychological resilience in Olympic champions. Psychol Sport Exerc 13: 669-678.
Foskett, RL. & Longstaff, F. (2018)　The mental health of elite athletes in the United Kingdom. J Sci Med Sport 21: 765-770.
Gorczynski, P., Gibson, K., Thelwell, R., Papathomas, A., Harwood, C., & Kinnafick, F. (2019)　The BASES expert statement on mental health literacy in elite sport. The Sport Exerc Scientist 59: 6-7.
Gouttebarge, V., Castaldelli-Maia, J., Gorczynski, P., Hainline, B., Hitchcock, ME., Kerkhoffs, GM., Rice, SM., & Reardon, CL. (2019)　Occurrence of mental health symptoms and disorders in current and former elite athletes: a

systematic review and meta-analysis. Br J Sports Med 53: 700-706.
Gulliver, A., Griffiths, KM., Mackinnon, A., Batterham, PJ., & Stanimirovic, R.（2015） The mental health of Australian elite athletes. J Sci Med Sport 18: 255-261.
Henriksen, K., Schinke, R., Moesch, K., McCann, S., Parham, WD., Larsen, CH., & Terry, P.（2019） Consensus statement on improving the mental health of high performance athletes. Int J Sport Exerc Psychol DOI: 10.1080/1612197X.2019.1570473
Howells, K. & Lucassen, M.（2018） 'Post-Olympic Blues'：the diminution of celebrity in Olympic athletes. Psychol Sport Exerc 37: 67–78.
International Olympic Committee. The Athletes' declaration. https://www.olympic.org/athlete365/athletesdeclaration［２０２０年３月閲覧］
金井雅之（2015） ソーシャル・ウェルビーイング研究の課題、ソーシャル・ウェルビーイング研究論集第 1: 7-22
公益社団法人日本ＷＨＯ協会、世界保健機関（WHO）憲章 https://www.japan-who.or.jp/commodity/kensyo.html
［２０２０年３月閲覧］
厚生労働省　病名から知る
https://www.mhlw.go.jp/kokoro/know/disease.html
［２０２０年３月閲覧］
Macdougall, H., O'Halloran, P., Sherry, E., & Shield, N.（2015） Needs and strengths of Australian Para-athletes: identifying their subjective psychological, social, and physical health and well-being. Sport Psychol 30: 1-12.
Moesch, K.,診ttä, G., Kleinert, J., Quignon-Fleuret, C., Cecil, S., & Bertollo, M.（2018） FEPSAC position statement: Mental health disorders in elite athletes and models of service provision. Psychol Sport Exerc 38: 61-71.
Naci, H. & Ioannidis, JPA（2015） Evaluation of wellness determinants and interventions by citizen scientists. J Am Med Assoc 14: 121-122.
Neal, TL., Diamond, AB., Goldman, S., Klossner, D., Morse, ED., Pajak, DE., Putukian, M., Quandt, EF., Sullivan, JP.,

Wallack, C., & Welzant, V. (2013)　Inter-association recommendations for developing a plan to recognize and refer student-athletes with psychological concerns at the collegiate level: an executive summary of a consensus statement. J Athletic Train 48: 716-720.

Price, N. (2007)　Game of two halves: preparing young elite rugby players for a future beyond the game. PhD thesis, University of Wollongong.

Reardon, CL., Hainline, B., Aron, CM., Baron, D., Baum, AL., Bindra, A., Budgett, R., Campriani, N., Castaldelli-Maia, JM., Currie A, Derevensky, JL., Glick, ID., Gorczynski. p., Gouttebarge, V., Grandner, MA., Han, DH., Mcduff, D., Mountjoy, M., Polat, A., Purcel, lR., Putukian, M., Rice, S., Sills A., Stull T., Swartz, L., Zhu, LJ., & Engebretsen, L. (2019) Mental health in elite athletes: International Olympic Committee consensus statement (2019)　Br J Sports Med 53: 667-699.

Rice, SM., Gwyther, K., Santesteban-Echarri, O., Baron, D., Gorczynski, P., Gouttebarge, V., Reardon, CL, Hitchcock, ME., Hainline, B., & Purcell R. (2019) Determinants of anxiety in elite athletes: a systematic review and meta-analysis. Br J Sports Med 53:722-730.

Schinke, RJ., Stambulova, NB., Si, G., & Moore, Z. (2018)　International Society of Sport Psychology position stand: Athletes' mental health, performance, and development. Int J Sport Exerc Psychol 16: 622-639.

Steel, Z., Marnane, C., Iranpour, C., Chey, T., Jackson JW,, Patel, V., and Silove. D. (2014)　The global prevalence of common mental disorders: a systematic review and meta-analysis 1980–2013. Int J Epidemiol 43:476–493.

Van Slingerland, K., Durand-Bush, N, Bradley, L., Goldfield, G., Archambault, R., Smith, D., Edwards, C., Delenardo, S., Taylor, S., Werthner, P., & Kenttä, G. (2019)　Canadian Centre for Mental Health and Sport (CCMHS) position statement: Principles of mental health in competitive and high-performance sport. Clin J Sport Med 29: 173-180.

ウェブ大辞泉「ウエルネス」　https://dictionary.goo.ne.jp/word/%E3%82%A6%E3%82%A8%E3%83%AB%E3%83%8D%E3%82%B9/#jn-17798

［2020年3月閲覧］
Wylleman, P., Reints, A., & Van Aken, S.（2012） Athletes' perceptions of multilevel changes related to competing at the 2008 Beijing Olympic Games. Psychol Sport Exerc 13: 687-692.

第9章　イップス

——生物的、心理的、社会的背景から捉える

栗林千聡
国立スポーツ科学センター

1　イップスとは

はじめに

「これまで当たり前にできていたショットが打てなくなった」「突然動きがぎこちなくなった」。このように、今まで習得していた動作がある日突然できなくなる状態が続き、アスリートのパフォーマンスに大きな影響を与えることがあります。このような症状はイップスと呼ばれています。ある研究によると、ゴルフ選手の28〜54%が競技生活において少なくとも一度はイップスを経験していることが明らかにされています（McDaniel et al., 1989; Smith et al., 2000）イップスの症状が重度になると、アスリートはプレイすることを恐れて競技場面を避けてしまい、最終的には競技を引退せざるを得ないケースもあります。そのため、イップスに対する理解を広めて早期に発見し、適切な支援を行っていくことが求められます。

よくある誤解として、「練習不足」「メンタルの弱さ」「性格の問題」によって、イップスが

発症すると考えてしまうことがあります。イップスは、これまで当たり前にできていた動作が突然できなくなる症状です。競技レベルの高いアスリートで多く見られますし、練習不足によって生じるものではありません。また、イップスの発症をメンタルの弱さや性格の問題と結び付けて考えてしまいがちですが、イップスは何らかのきっかけによって突然起こるものなので、誰にでも起こる可能性があります。つまり、何らかの環境要因と個人の特性が合わさって生じるものなので、すぐにメンタルの弱さや性格の問題に起因すると捉えてしまうことは、あまりにも短絡的な考えです。

人は何かうまくいかないことがあると、原因を自分や他人の性格や能力、やる気のせいにして問題解決のためのアクションをとらなくなってしまうことがあります。これを個人攻撃の罠と言います（島宗、2000）。たとえば、イップスを発症したアスリートがうまくプレイできない状況で、「このアスリートはやる気がない」「態度が悪い」とコーチが考えることで、コーチはアスリートに原因を帰属します。しかし、「やる気がない」も「態度が悪い」もコーチの手の届くところにはありません。個人攻撃の罠から抜け出るためには、イップスを正しく理解し、できることとできないことをチームの中で整理して、できるところは自分で、できないところはチームの誰かに助けてもらうことが大切です。

イップスの症状――不安症とジストニア

これまで国内外ではさまざまなイップスの定義がなされてきましたが、「今まで習得していた動作がある日突然できなくなる状態」という点では、基本的に共通しています。Clarke et al.（2015）は「スポーツパフォーマンスにおける微細運動技能の実行に影響を及ぼす、心理、神経筋の障害」と定義しています。

イップスは大きく分類してジストニアと不安の2つの症状に分かれるというのが、これまでの研究で示されてきた一般的な見解です。ジストニアは、「持続的な筋収縮を呈する症候群であり、しばしば捻転性・反復性の運動、または異常な姿勢をきたす」と定義されています（Fahn et al., 1987）。簡単に言えば、自分の意思とは無関係に筋肉が異常に収縮し、不自然な動きや姿勢になる状態が持続する症状です。ジストニアは心理的な不安のみによって起こるものではなく、何らかの神経学的な問題（神経の働きがうまくいっていないこと）が背景にあるとされています。ジストニアという大きなカテゴリーの中でも、筋肉の震えや痙攣などは、身体の一部で筋収縮の症状が出現する「局所性ジストニア（Focal dystonia）」に起因するとされています（Smith et al., 2003）。たとえば、ボールを打つ時に腕や手などの一部のみで生じる筋肉の震えや痙攣といった症状によって、これまで問題なくできていたプレイが突然できなくなってしまうことは、局所性ジストニアに起因する代表的なイップスの症状です。局所性ジストニアが生じるのはアスリートだけではなく、作家や演奏家など、さまざまな職業で現れるため、「職業性ジストニア」とも呼ばれています。

もう一つは、不安です。そもそも不安は異常な現象ではなく、警戒を促すために人に備わっている能力の1つです。不安を感じることによって危機に備えたり、危険を回避したりしやすくなります。しかし、不安が過剰になり、行動が不適切なものになってしまうと、人が生活していく上での障害となってきます。不安の症状は、「恐ろしい、落ち着かない」といった主観的な症状を始め、血圧の変動、血糖値の増加といった生理学的な変化、腹痛、肩こり、息切れといった身体症状、回避や逃避行動などが含まれます。イップスの症状を持つアスリートはプレイ時に感じる不安感によって、通常問題なく実行できていた競技の動作が阻害されます。たとえば、「また暴投してしまうんじゃないか」「できて当たり前のプレイを失敗するかもしれない」「自分のプレイでチームメイトに迷惑をかけるんじゃないか」といった考えが多く浮かび、プレイに支障をきたします。

石原・内田（2017）はイップスを不安症の一種であると指摘しています。精神疾患の診断・統計マニュアルの第5版（DSM-5）によれば、不安症とは「過剰な恐怖および不安」および、「それらの恐怖や不安と関連する不適応的な行動」を主症状とする精神障害の総称であり、限局性恐怖症、社交不安症、パニック症、全般不安症などを含みます（American Psychiatric Association, 2013）。不安症は、自分は死んでしまうのではないかという不安や周りからどのように思われているのかを過剰に心配するなど、さまざまな様相を呈することが知られています。

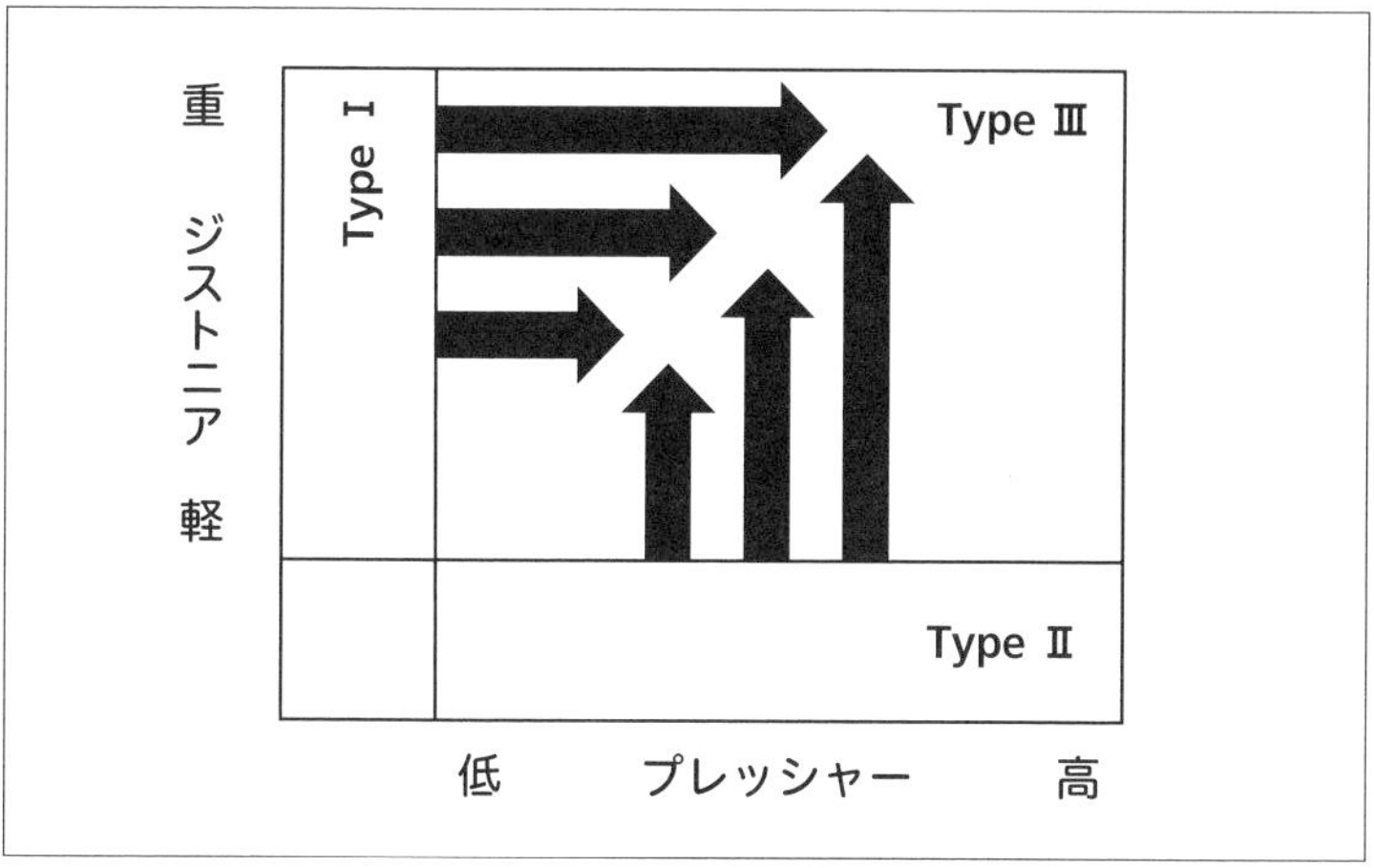

図1　イップスの分類　Clarke et al. (2015) より改変

イップスと不安症の直接的な関連性については明らかになっていませんが、他者からの評価懸念や失敗を過剰に恐れて不安を感じる場面を回避してしまうなど、不安症とイップスの症状の多くは類似しています。

イップスを抱えるアスリートの中でも、ジストニアの特徴を有するものがType Ⅰ、不安の特徴を有するものがType Ⅱ、そしてその両方の特徴を有するものがType Ⅲとして分類されています（Clarke et al., 2015）（図1）。症状ごとの特徴を知り、治療に結び付けていくことが必要です。

多職種連携によるイップスの共通理解

現時点では、イップスに有効な治療法は世界的にも確立されていません。その背景には、イップスの症状に対する状態像の理解がイップスに関わる人たちの中で共通していないことが挙げられます。イップス症状の状態像が共有されていなければ、同じ「イップス」という用語を用いていても、異なる領域で同様の状態像を対象として研究を進められているのか判断することが困難なため、研究成果の比較や統合ができず、治療法の確立を妨げてしまいます（栗林ほか、2019）。これまでイップスの症状は神経学や心理学など、それぞれ独自の分野で理解されてきました（土屋、2018）。神経学の領域ではイップスをジストニアとして、心理学の領域では不安の問題として扱ってきたため、イップスの定義や測定方法に統一したものが存在せず、症状の理解に混乱が生じているのです（栗林ほか、2019）。それぞれの領域で扱ってきたイップスの問題を統合し、アスリートを含めたチームが連携して包括的に症状を理解しなければ、イップスの問題を解決することは困難になります。

2　生物―心理―社会モデルによるイップス支援

生物―心理―社会モデル

生物―心理―社会モデルとは、生物（細胞、遺伝、神経等）、心理（ストレス、感情、信念、行動等）、社会（ソーシャルサポート、ライフイベント、文化等）の3つの要因からクライエントの症状を包括的に理解する枠組みのことです。このモデルはG・L・エンゲルが提唱しました（Engel,

1977)。うつ病を例に挙げると、従来の医療モデルではうつ病に対する治療は脳内の神経伝達物質の不足に焦点が当てられ、薬物療法や手術などの生物学的要因へのアプローチが主流となっていました。しかし、生物―心理―社会モデルに沿ってうつ病を捉え直すことで、生物学的要因だけではなく、考え方や落ち込みといった心理的要因、家族や職場のサポートといった社会的要因へのアプローチを可能にし、3つの側面からクライエントを包括的に理解することができるようになります（武部、2019）。現代の医療は「チーム医療」であり、さまざまな専門家がチームを組んで分業して治療にあたります。多職種が有機的に分業し、連携するためには、生物―心理―社会モデルの視点が極めて重要です（丹野ほか、2015）。

生物―心理―社会モデルに沿ってイップスの症状を捉え直すことは、イップスに関わるチームが協働してイップスの問題に取り組むうえでも役立ちます。アスリートのイップス症状は、遺伝的要因だけではなく、考え方、コーチやチームメイトとの関係性、ライフイベント等によっても影響を受けます。そのため、常に3つの要因を包括的にアセスメントし、チームが連携しながら最も優先される支援につないでいくことが求められます。たとえば、親族が亡くなって間もないアスリートがいるとします。気分の落ち込みが強い時に、その背景を考慮せずにイップスに対する心理的スキルトレーニングを適用してもうまくいくはずがありません。一側面からイップスの状態を把握するだけでは適切な支援は届きませんが、3つの視点からチームで全体像を理解し共有することで、それぞれの役割を明確にすることができ、目の前のアスリートにとって最も必要な支援を提供することができます。

生物的要因へのアプローチ――ジストニアの観点から

ジストニアには何らかの神経学的な問題が背景にあるとされているため、ジストニアに対する支援はイップスの生物的要因への支援を考えるうえで有益です。ジストニア治療ガイドライン2018によれば、ジストニアの治療法は、病型や罹患範囲によって異なると言われていますが、一般的に注射の治療（ボツリヌス治療）が優先的に用いられています（「ジストニア診療ガイドライン」作成委員会、2018）。ボツリヌス治療では、ジストニアの原因筋を的確に捉え、適切な量や間隔で施注することが重要です。ボツリヌス治療は1980年代から各国で開始されるようになりましたが、治療後の寛解率の報告は未だに少ないです。しかし、ボツリヌス治療が開始されてからは、明らかに自然寛解率が増加しているとの指摘もあり、決して回復しない病気ではないといわれています。イップスに対する薬物療法は必ずしも確立したものではないため、専門医のアドバイスのもとで慎重に用いる必要があります。このように、イップスの中でも神経学的な問題が背景にあるジストニアの症状と類似する特徴を示すアスリートについては、ボツリヌス治療が優先的に使用される可能性があり、医師との連携が求められます。

心理的要因へのアプローチ——不安症の観点から

不安症に対する支援はイップスの心理的要因への支援を考えるうえで有益です。不安症が起こるメカニズムの一つとして、当初は不安を感じる場面ではなかったのに、何らかのタイミングで不安の生起が学習されてしまったことが考えられます。たとえば、チームでのミーティングで発表する場面において何らかのきっかけで不安を経験すると、状況と不安反応が連合し、同様の状況になると不安が生じるようになります。もう一つのメカニズムは、不安が引き起こす動悸や発汗などの内部感覚そのものを体験しないように避けることです。チームでのミーティング場面で発表することを避けると、不安が生じなかったり、低減したりするため、その状況を避ける行動が維持されてしまいます。繰り返し不安場面を避けることで、不安を克服する機会が失われてしまうのです。

不安症に対する代表的な治療法としては、薬物療法と心理療法があります。心理療法のなかでも認知行動療法は世界で最も科学的な根拠が示されている治療法であり、推奨されています。認知行動療法とは、現在の困っている問題を認知、感情、行動、身体反応に分けて整理し、概念化したものに基づいて治療を行う心理療法です（Beck, 1995）。認知、感情、行動、身体反応は、それぞれが影響を与え合ってアスリートの抱える問題が形成され、維持されていると理解します。治療の焦点は、認知と行動に当てられます。そのどちらかまたは両方を変容させることによって、問題の解決を狙うのが、認知行動療法の基本的な考え方です。認知行動療法は世界的に最も普及しており、ストレス対処や精神疾患の予防や治療、さらにはパフォーマンス向上にも有効性が示されています。ここでは、認知行動療法の考え方に基づいて聡真くんの症状を整理していきたいと思います。

聡真くんのケース：

聡真くんはテニス選手です。10年以上第一線で活躍していましたが、半年前、これまで問題なく打てていたサービスが突然入らなくなり、コート外へボールが飛んでいってしまうようになりました。特に大事な試合の時にサービスを打とうとすると、「また失敗するかもしれない…」「周りから下手だと思われる…」と考えてしまいます。不安が高まり、心臓の鼓動が聞こえるくらいドキドキしてきて、手が震えます。サービスを打つのが怖くなり、徐々に自分に自信をなくして、コーチやチームメイトとのコミュニケーションを避けるようになりました。

認知行動療法では、まず具体的な1つの状況を取り上げて、その状況におけるその人自身の経験を、「どのようなことが頭に浮かんだのか（認知）」「身体にはどのような反応があったのか（身体反応）」「どのような行動をしたのか（行動）」「どのような気持ちになったのか（気分・感情）」の4領域に分類します。状況と個人の反応は、循環的に相互に影響を及ぼし合っています。また、個人における4つの反応（認知、身体反応、行動、気分・感情）も同様に影響を及ぼし合っています（伊藤、2011）。聡真くんのイップスの症状を維持している悪循環をこの認知行動

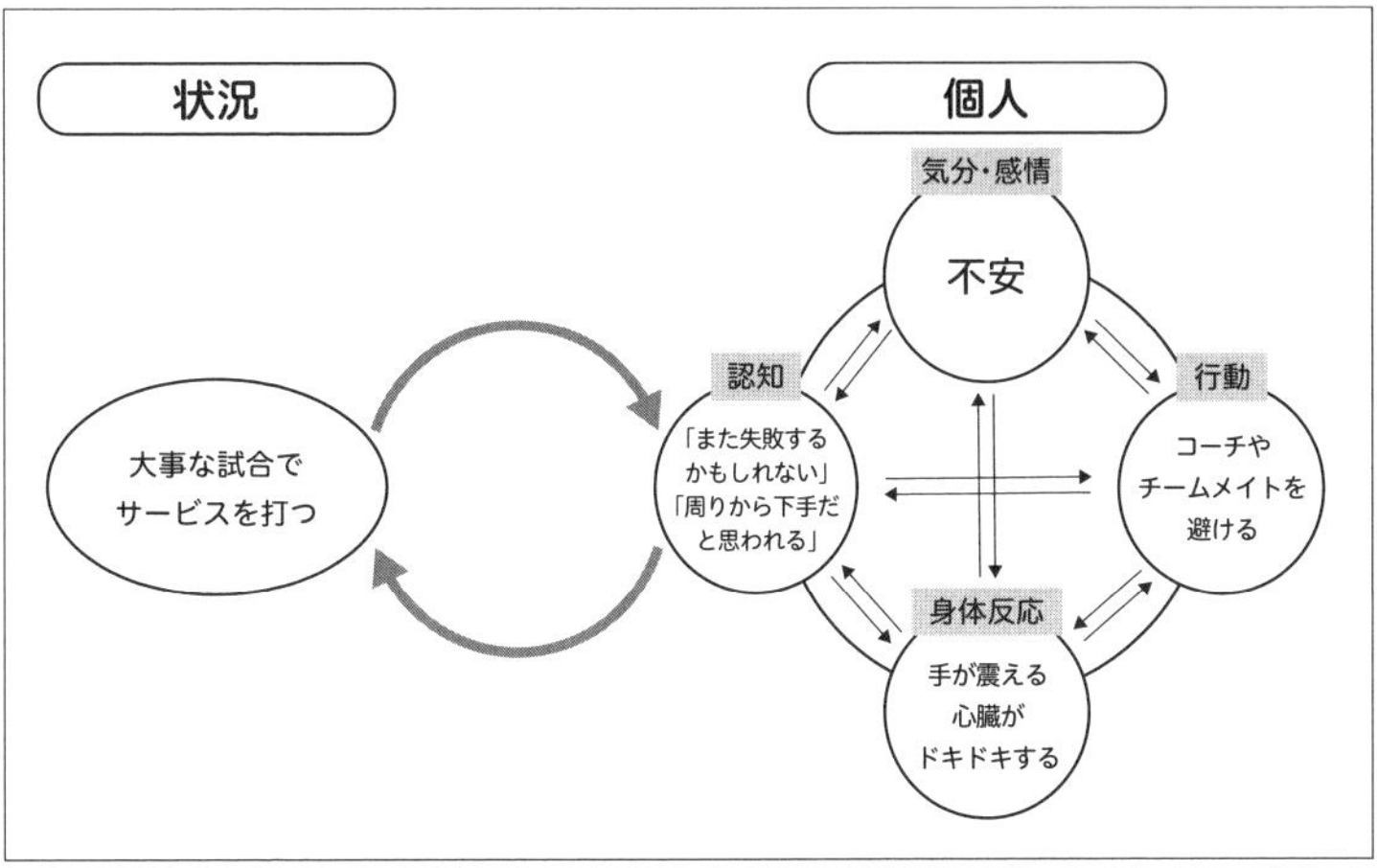

図2　聡真くんのイップス症状の悪循環

療法のモデルに当てはめてみたものが、図2です。

「また失敗するかもしれない」「周りから下手だと思われる」といった〝認知〟によって、手の震えなどの〝身体反応〟を強め、徐々に自信をなくして、コーチやチームメイトとのコミュニケーションを避ける〝行動〟を起こしてしまっています。このように自分の状態を客観的に整理することで、イップス症状に巻き込まれている現状を俯瞰してみることができます。客観的に自分の状態を整理するためには繰り返し練習することが必要ですが、自分に起こっている状態が理解できるようになってくると気持ちは落ち着いてきますし、支援の方法も見つかりやすくなります。

不安症における認知行動療法の代表的な技法の一つがエクスポージャー療法です。エクスポージャー療法とは、不安を感じる状況に逃げずに直面し、その状況を体験することで、時間の経過とともに自然に不安が和らいでいく体験をする治療法のことをいいます。その際、計画的に不安を感じる対象に接近するために、不安を感じる状況を自覚的障害単位（Subjective Units of Distress: SUD）にて数値化した後、それを階層化して整理する不安階層表が多く用いられています。イップスの症状によって投げること自体に強い不安を感じている野球選手の例では、投げる状況を回避せず、野球ボールより大きく重い、不安度の低い砲丸のボールから段階的に投げる練習を行って成功体験を積むことで、野球ボールを投げることに対する不安感が軽減したことが報告されています（石原・内田、2017）。つまり、比較的不安の低い状況からチャレンジし、段階的に不安を高めていき、自然に不安が和らいでいく経験は、エクスポージャー療法の原理と類似すると考えられます。このように、イップスの中でも不安症の症状と類似する特徴を示すアスリートについては心理療法が有効な可能性があり、心理職との連携が求められます。

社会的要因へのアプローチ――アスリートを取り巻く環境から

イップスは社会的要因と密接に関連し、症状の増悪を繰り返します。そのため、家族やコーチ、チームメイトからのソーシャルサポートや引退後までを視野に入れたキャリア支援の制度など、アスリートを取り巻く環境を整えることはとても重要です。アスリートを取り巻く環境を整えるためには、まずはアスリートを含めたチームのすべての人がイップスの症状について学び、アスリートの背景を理解しようとすることが求められます。イップスの症状に悩むアスリートは、周囲にイップスの症状を打ち明けることによってレギュラーから外されてしまうことやメンタルが弱いと判断されることを恐れて、周囲に打ち明けられない場合があります。打ち明けたとしても周囲からイップスの症状を指摘されることで、ますます不安が増加してしまいます（賀川・深江、2013）。たとえば、失敗した時に周囲から「イップスになったんじゃない？」と声をかけられることで、単なる一回の失敗がイップスに発展してしまう可能性もありうるのです。

このようにイップスに対する正しい理解が得られないことで、イップスに対する偏見を助長し、イップスの早期発見や早期治療に結び付かないケースがあります。仮にアスリート本人がプレイの不調を理由に心理の相談にきたとしても、パフォーマンス向上を目的とした即効性のある支援を求めてくるため、パフォーマンスを発揮できない背景にあるジストニアや不安症の症状については見過ごされやすいです。適切なタイミングで医療や心理と繋がるためには、アスリートの身近にいる人の理解が不可欠です。

3　生物─心理─社会モデルとアスリート支援

競技特有の文脈を理解する

イップスへの支援を考えるうえで、競技特有の文脈を理解しておくことは重要です。イップスになったら競技を辞めたら良い、休んだら良いという単純なものではありません。結果にこだわることはアスリートにとって重要な価値であることを理解し、チームで支援していくことが大切です。その一方で、競技者として勝つことを重視する舞台裏では、イップスの症状によって心理的に追い詰められているアスリートがいることを私たちは知っておく（知ろうとする）必要があると思います。アスリートは原因不明のまま一人で悩み続けて重症化し、引退せざるをえないこともあります。まだまだ将来性のあるアスリートが引退してしまう現状は悲しいものです。

皆さんは、普段の生活の中で大きな壁にぶつかって落ち込んでいる時、どのような支援があれば良いでしょうか。問題の渦の中にいる時に、「今のやり方は間違ってるんじゃない？こっちの方が正しいよ！」と沢山のアドバイスを与えられるよりも、まずは辛い気持ちを聞いてもらい誰かに理解してもらえたと感じられた時、やっと落ち着いて現状を整理し、今後のことについて考えられるようになるのではないでしょうか。目に見える症状やアスリートの行動だけで判断しアドバイスをしても、アスリートに必要な支援は届きません。「性格の問題」など、短絡的にイップスの原因探しをする前に、自らがイップスの症状について学び、アスリートの話に耳を傾けて、アスリートの現在置かれている競技特有の文脈を理解しようする姿勢が大切です。アスリートとしての側面（プレイや勝敗に関すること）だけではなく、一人の人としてアスリートに関心を持ち、話を聞いてほしいと思います。アスリートが安心して話せる場や雰囲気をどのように作っていけるのかを考えることは、チームでイップスの問題に取り組むうえで重要ではないでしょうか。

チームの皆が何かの専門家

生物─心理─社会モデルに沿ってイップスを理解することで、チームの皆が何かの専門家として位置づけられます。アスリートは自分自身の専門家です。自分の置かれている環境、認知、行動、気分・感情、身体反応を理解し、表現できるのはアスリート本人だけです。アスリート自らがイップスの症状を正しく理解しておくことで、自分の状態と照らし合わせて適切な支援を求めやすくなります。アスリートの身近にいる家族、コーチ、チームメイト、トレーナーなどは、アスリートの普段の様子を最も理解している専門家です。イップスの症状について正しく理解しておくことで、アスリート本人が見過ごしやすいイップスの症状にいち早く気づくことができ、アスリートを早期に適切な支援へ繋ぎやすくなります。医師や心理職は、イップスのジストニアや不安症の症状に対する専門家として、そして専門家同士を繋ぐコンサルテーションの役割も担うことができるでしょう。このようにイップスへの支援を考えるためには、それぞれが何かの専門家として役割を担い、チームで協働して取り組むことが求められます。そのためにはほかの専門家は何ができるのか、自分が専門とするのはどこなのか、状況によっても異なってきますので、その都度把握しようとすることが大切です。ほかの専門家は何ができるのかを知るためには、日頃から専門家同士で話しやすい雰囲気を作っておくことが重要になってきます。

【引用文献】

American Psychiatric Association（2013） Diagnostic and Statistical Manual of Mental Disorders: DSM-5. American Psychiatric Association.［高橋三郎・大野裕（監訳）、染矢俊幸・神庭重信・尾崎紀夫・三村將・村井俊哉（訳）（2014）、DSM-5 精神疾患の診断・統計マニュアル、医学書院］

Beck, J. S.（1995） Cognitive therapy: Basics and beyond. Guilford Press.［伊藤絵美・神村栄一・藤澤大介（訳）（2004）、認知療法実践ガイド基礎から応用まで——ジュディス・ベックの認知療法テキスト、星和書店］

Clarke, P., Sheffield, D., & Akehurst, S.（2015） The yips in sport: A systematic review. International Review of Sport and Exercise Psychology, 8, 156-184.

Engel, G. L.（1977） The need for a new medical model: a challenge for biomedicine. Science, 196, 129-136.

Fahn, S., Marsden, C.D., Calne, D.B.（1987） Classification and investigation of dystonia. In: Marsden, C.D., Fahn, S., editors. Movement Disorders 2. Butterworths; 332-358.

石原心・内田直（2017） イップス——スポーツ選手を悩ます謎の症状に挑む、大修館書店

伊藤絵美（2011） ケアする人も楽になる 認知行動療法入門 BOOK1、医学書院

賀川昌明・深江守（2013） 投・送球障がい兆候を示す中学校野球部員の心理的特性、鳴門教育大学研究紀要、28, 440-453

栗林千聡・武部匡也・松原耕平・高橋史・佐藤寛（2019） イップスの操作的定義と介入法の提案に向けたシステマティックレビュー――多領域の連携可能性、スポーツ精神医学、16, 31-41.

McDaniel, K. D., Cummings, J. L., & Shain, S.（1989） The “yips”: a focal dystonia of golfers. Neurology, 39, 192-195.

編者 作成委員会（2018） ジストニア診療ガイドライン２０１８、南江堂

島宗理（2000） パフォーマンス・マネジメント――問題解決のための行動分析学、米田出版

Smith, A. M., Adler, C. H., Crews, D., Wharen, R. E., Laskowski, E. R., Barnes, K., ... & Sorenson, M. C.（2003） The ‘Yips’ in golf. A continuum between a focal dystonia and choking. Sports Medicine, 33, 13-31.

Smith, A. M., Malo, S. A., Laskowski, E. R., Sabick, M., Cooney, W. P., Finnie, S. B., ... & Kaufman, K.（2000） A multidisciplinary study of the ‘yips’ phenomenon in golf. Sports Medicine, 30, 423-437.

武部匡也（2019） 生物―心理―社会モデル 日本認知・行動療法学会（編）認知行動療法事典、丸善出版、pp. 44-45.

丹野義彦・石垣琢麿・毛利伊吹・佐々木淳・杉山明子（2015） 臨床心理学、有斐閣

土屋裕睦（2018） わが国のスポーツ心理学の現状と課題、心身医学、58, 159-165.

第10章

発達障がい
——接し方のコツと知識

金澤潤一郎
北海道医療大学

はじめに

成人期の発達障がいに関する知識が普及するにつれて、発達障がいの診断を受けている成人患者、あるいは未診断ながら発達障がい傾向を強く有し、生活上の問題を訴える方が増加しています。成人期の発達障がい患者は、うつ病や不安症、あるいはアルコール依存症などの精神疾患を併存しやすいだけでなく、対人関係や仕事での不適応など様々な生活上の困難さを引き起こすことが多いと問題になっています。

スポーツ領域での成人期や思春期の発達障がいは、どのような状態像なのでしょうか。本章では、大学生でラグビー部の正哉君と高校生で弓道部の春奈さんを例として、発達障がい傾向をもつアスリートの状態像や必要な支援について考えていきましょう。

1-1　事例：おっちょこちょいの正哉君

正哉君は大学でラグビー部に所属しています。正哉君の大学のラグビー部はＯＢには日本代表に選出される選手もいるほどの強豪で、大学では勉強はそこそこにラグビーに打ち込んでいます。もうすぐ４年生になる３年生の春合宿で正哉君は激しいタックルを受けてしまい、脳震盪になってしまいました。脳震盪からの復帰に時間がかかり、練習に参加できない期間が続き、ついに後輩にレギュラーの座を奪われてしまいました。

最上級生である４年生になってレギュラーでもなくなり、卒業に向けた単位取得のために授業に出席しながら、卒業後の進路について悩む中で次第に元気がなくなっていき、食欲や睡眠にも問題が出てきました。あれほど熱心だった部活にも出なくなり、独り暮らしの部屋で１人で過ごすことが多くなりました。

正哉君は小さい頃から運動神経万能のクラスのスターでした。ですが、宿題や教科書を忘れることが非常に多く、中学生や高校生になるとスケジュール管理や提出物の管理が出来ずに、学校でも怒られることがかなり増えていきました。それでも正哉君は学校のスターで、ラグビーの県選抜だったこともあって、先生やクラスメイトが助けてくれていました。

小さい頃は試験の前日に集中して勉強すると、それなりの点数をとることができていました。

そのため、知らず知らずのうちに「短時間勉強すれば何とかなる」と思うようになっていました。しかし、大学の卒業がかかった卒業論文の執筆は違いました。正哉君の大学では卒業論文は20ページから40ページほど書くことになっていますし、本文も日本語や英語の論文や本から情報を集めた上で書かなければいけません。要するに、一夜漬けではどうすることもできない課題であるために、今までの正哉君の勉強方法が通用しないのです。

1-2 解説：正哉君の不注意症状について

発達障がいの中でも注意欠如・多動症（Attention Deficit/Hyperactivity Disorder：ADHD）は最も有病率が高く、WHO（世界保健機関）による世界的な調査では、成人期における有病率は3・4％（Fayyad et al., 2007）と言われています。このことから、アスリートの中にもADHDを有する者が潜在的に多数存在することが推測されています。

おっちょこちょいの正哉君に疑われるのは、このADHDです。ADHDは不注意症状と多動性・衝動性症状が特徴である発達障がいの1種です。正哉君の場合、小さい頃から忘れ物やスケジュール管理が苦手でした。もちろん、それらの特性が診断を受けるレベルであるかどうかは精神科や心療内科を受診して判断しなくてはなりません。一般的に精神科では、現在発達障がいの特徴をもっているかだけでなく、幼少期から同年代の人たちと比べて顕著にそのような特徴があったかなどを、問診や専門的な検査などを踏まえて診断します。しかし、診断レベルであろうがなかろうが、正哉君にとっては特に不注意症状への対策が必要でしょう。海外の研究では不注意症状が重度であるほど収入が減少することが示されていて（Gjervan, Torgersen, Nordahl, & Rasmussen, 2012）、成人のＡＤＨＤ症状の中でも不注意症状が生活上の問題を引き起こすことがわかっています。

正哉君のような不注意症状への対策としては、補償方略と呼ばれる行動的な対処法を身につけることが挙げられます。補償方略は、①自己管理（課題を手帳などに書き出す、カレンダーに予定を書き込むなど）、②環境調整（集中できる静かな場所を見つけるなど）、③他者からのサポート（他人にやることを促してもらう、特性を理解して協力してくれる友人を作るなど）の３種類に大別されます。支援をする際にはすぐに新しい補償方略を獲得しようとするのではなく、まず正哉君がすでに活用している補償方略を確認することです。その上でどのような補償方略が不足しているのか、どのような補償方略を有効に活用できていないのかの判断を話し合っていきます。

正哉君のようなおっちょこちょいの方は、すでに自分なりの補償方略を試みていることが多いのですが、自己管理型だけなど、特定の補償方略に偏っています。正哉君の話を聞きながら、正哉君が試してきた補償方略が自己管理、環境調整、他者からのサポートの３種類のどれに当てはまるかを紙面に書き出していき、どれが比較的効果的でどれが効果的でなかったのかなどを話し合うことが大切です。正哉君のようなＡＤＨＤタイプの方は、「これは大切だ！　これをやると上手くいきそう！」と感じてくれると、自ら積極的に今まで行ってこなかったタイプの補償方略を試したり、新しい補償方略を見出していくことが多いです。成人期のADHD患者を対象とした研究でも、補償方略を多く活用することで生活が改善されることが報告されています（金澤・岡島・坂野、2015）。

正哉君の場合は、小さいころから運動神経抜群でスターだったわけですが、脳震盪とその後の練習に参加できない期間によってその長所が奪われたように感じ、結果として、スケジュールや提出物の管理の問題、集中力の問題などの短所が顕在化してしまいました。とは言え、大学を卒業して社会人となると、いずれこれらはある程度は克服すべき問題ですし、自分に合った補償方略を見いだすことで改善が見込まれます。具体的には、卒業論文のようにやり遂げるために長期間の労力が必要な課題については、大きな課題を複数の小さな課題に分割（嫌にならない程度まで小さく）すること、集中力が続く時間に課題を分割する（例えば、3時間かかる作業を6回の30分刻みの仕事に分割する）などのスキルを身につける事も役立つでしょう。また、毎日のようにやることリストを書き出して、最も重要なA、一応覚えておくC、その中間のBなど、優先順位を付けながら必要な課題に取りかかることも重要です。

1-3 解説：正哉君の脳震盪について

正哉君のようなおっちょこちょいアスリートで時折見られるのが脳震盪の問題です。実は脳震盪は、海外でスポーツ領域と成人期のADHDの関連について最も多く研究されている事柄のひとつです。Iverson ほか（2016）は、32487名の思春期のアスリートを対象とした調査を実施し、ADHDや学習障害をもつ者は有意に脳震盪経験が高く、特に男性ではその傾向が顕著であると言及しています。さらに、NCAAの大学生アスリートを対象としたAlosco, Fedor, & Gunstad（2014）では、ADHDをもつ者（50・4％）は非ADHDの者（14・4％）よりも有意に脳震盪経験が高いことを報告しています。このように成人でADHD傾向が高いアスリートは脳震盪には特に注意を払う必要があります。実際、日本の大学生アスリートを対象とした調査でも、ADHD傾向が高い大学生アスリートは脳震盪の経験が多いことがわかっています（金澤・榎本・鈴木・荒井、2019）。

脳震盪はアスリートにとって致命的なダメージとなる可能性があるだけでなく、Graduated return-to-sport（RTS）strategy（スポーツへの段階的復帰方略：McCroy et al., 2017）に則って競技に復帰するため、その期間十分な練習を行うことが出来ず、競技パフォーマンスに多大な影響を与えることもあります。また、大学生アスリートの場合、Graduated return-to-school strategy（学業面での段階的復帰方略：McCroy et al., 2018）も設定されていて（表1）、学業面での

表１　学業面での脳震盪からの段階的復帰方略

	狙い	活動	各段階の目標
第１段階	脳震盪症状に影響しない家庭での日々の活動	５分から15分ほどの脳震盪症状が起きない日々の活動を徐々に増やしていく	特定の活動に徐々に復帰する
第２段階	学校に必要な活動	宿題、読書などの授業以外の認知的活動を行う	認知的活動への耐性をつける
第３段階	学校に部分的に復帰	段階的に学業に復帰する。時間を制限して学校に戻ることや休憩を多くとる	学業活動を増やす
第４段階	学校に完全に復帰	徐々に通常の学業活動に戻る	通常の学業活動に戻り、欠席分を取り戻す

note. McCrory et al.（2018）の Table2「Graduated return-to-school strategy」を著者が翻訳

悪影響も考えられます。このように特に大学生アスリートが脳震盪を経験した場合、競技面と学業面での両側面における段階的な復帰について留意する必要があります。これらのことから、大学生アスリートの中でもＡＤＨＤ傾向をもつ者に対して脳震盪の予防の観点からも対策を講じる必要があると言えます。

正哉君の場合、脳震盪によって長所が突然奪われ、短所だらけになったように感じているのかもしれないのは、ある意味で納得できます。また、運動神経抜群のスターという役割からの変化もショックでしょうし、役割の変化に適応するのも時間がかかることでしょう。このように、正哉君に不注意症状やそこから派生する問題（ここでは脳震盪）だけでなく、自らの状況が変化すること（大学卒業、スター選手からの役割の変化）によって引き起こされる感情や気持ちの変化を支えることも大切になります。特にADHDタイプの方に頭ごなしに正論を話しても動機づけは高まりません。正哉君の今後を話し合ったり、気持ちを支えたりする際には、じっくり話を聞きながら、「正哉君にとってラグビーにはどんな意味（機能）があったのか？」を整理しながら明確にして、また違う形で、同じ、あるいは似た意味（機能）をもったことをやれば動機づけを高めるでしょう。

2-1　事例：こだわりが強い春奈さん

春奈さんは弓道部に所属する高校2年生の女子高生です。弓道で国内でも有名だったお父さんの影響もあって、小学校の頃から本格的に弓道に打ち込んできました。性格的に似た熱心なお父さんの指導や持ち前の集中力の高さもあり、春奈さんも実力者で中学の頃から全国大会に出場しています。春奈さんは小さいころから、好きな事には非常に集中するタイプでした。ある意味ではこだわりが強いとも言えます。特定の好きなおもちゃでずっと遊んだり、その遊びを止められると叫んだりすることもあったそうです。小学校や中学校では無口なタイプで、学校では黙々と勉強をして、放課後は弓道の練習三昧でした。普段はおとなしいのですが、ストレスが溜まると、一気にお母さんに思いのたけを何時間も話すことも時折ありました。

高校進学の際には、弓道場がある高校を選択しました。しかし、この高校は弓道部では強豪校として有名だったのですが、学業面では春奈さんの学力よりは明らかに低い学校でした。もちろん、春奈さんとお父さんは弓道のためにこの高校への進学を決めたのです。高校に入学すると、弓を引いている時は楽しいのですが、女子が多く、特に若者の流行りをすぐに取り入れる今風の高校の風土についていくのに難しさを感じていました。学業面でも、春奈さんは真面目に勉強しているのですが、それにさえも周囲のクラスメイトから皮肉を言われることもありました。真面目な春奈さんは皮肉にうまく返すことができず、フラストレーションを溜めていましたが、ある時に感情が爆発して、クラスメイト全員で使用しているグループ通信アプリで長々とクラスメイトの批判をしてしまいました。その後、クラスメイトとの関係の修復ができず、最終的には学校だけでなく部活にも行きづらくなってしまいました。まだ高校2年生で高校3年生になると高校生活最後の大会があるのですが、「大会も出たくないし、もう弓道は辞める」と言っているようです。

2-2　解説：こだわりの強い春奈さん

もちろん診断されたわけではないのですが、春奈さんの特徴は自閉スペクトラム症（Autism Spectrum Disorder：ASD）に当てはまる可能性があります。DSM-5では、ASDは約1％と言われています。ASD傾向の高いアスリートは、興味関心は狭いものの、興味があることに関しては強いこだわりを発揮し、何度も同じ秩序や手続きを繰り返すことに抵抗が少ないです。また強い集中力が必要とされる競技などで力を発揮することがあります。まさに春奈さんの弓道のように、ASD的な個人特性を長所として存分に発揮することがあるのです。

一方で、ASD傾向が高いアスリートは、相手の気持ちや立場がわかりにくい場合があったり、融通が利かず、皮肉や比喩表現の理解が難しいこと、会話が一方的になることなどの対人関係の問題を引き起こしてしまうことがあります。春奈さんがやってきた弓道は個人競技ですが、部活で練習する際には団体で練習しますし、中学生や高校生では思春期特有の人間関係の難しさもあって、個人競技の部活であっても対人関係の問題を抱えることもあります。また、アスリートとは言え高校生ですので、高校生活をそれなりに上手く送ることもアスリートとしての成功にとって必要となるでしょう。

発達障がいの中でも、特に感情表出が苦手なASD傾向の高いアスリートは、周囲からすると本人の言動だけでは心身の変化に気づきにくいこともあります。また、自分自身で困難さや身体の不調を実感しにくいこともあります。かなりストレスをため込んでストレスを自覚するような状態となったとしても、自ら助けを求めること（援助要請）が苦手なことが多いです。そのため特にASD傾向の高いアスリートには、日頃から定期的に面談を実施する、コーチや周囲の人との関係性を良好に保ち、相談しやすい状況を作っておくなどの配慮が必要となります。実際、大学生を対象とした研究でも、ASD傾向が高くなるにつれて感情コンピテンス（感情に気づき、把握することなど）が低下し、その結果として被援助志向性（専門家、教師などの職業的な援助者および友人・家族などの援助者に援助を求めるかどうかについての認知的枠組み）も低下するということもわかってきています（長田・金澤、2019）。まさに春奈さんは、自らのストレスに気づき、適切に表出し、適宜相談することが苦手であったために、高校生活で大きな問題となってしまったのです。

2-3　解説：こだわりの強い春奈さんの今後について

ＡＳＤ傾向が強い方は、臨機応変が苦手であり、環境の変化に順応することに時間がかかります。つまり、大きな環境の変化によって多大な精神的苦痛を感じることがあります。春奈さんのように中学校から高校などの進学も環境の変化です。もしスポーツを続けるのであれば、社会人チームへの加入などライフイベントにまつわる環境変化を十分に考慮する必要があります。その際には、スポーツ領域だけでなく、学校や職場や部活内の環境、相談できる相手が身近にいるかどうかなどにも配慮が必要です。

逆に言えば、一旦、状況や環境に慣れて全体像を把握できたり、見通しがもてるようになると能力を存分に発揮することができます。そのため環境の変化が想定できるのであれば、少しでも早く、図示など本人が理解しやすい様式を用いて見通しをもてるような支援や配慮が重要となります。また、新しい人間関係を構築することが苦手であることが多いため、特に引退後の生活についての支援や配慮も必要となります。引退後の生活の中で、全ての人と仲良くする必要はありませんが、対人関係をある程度安定させることで、こだわりや集中力の高さや真面目さをスポーツ以外の領域でも発揮してもらえることでしょう。春奈さんのこだわりの強さは長所にもなります。長所を上手く引き出すためにも、苦しくなりすぎる前に援助要請する力を養う必要があるかもしれません。

春奈さんには特にASD傾向が強いですが、中にはASDとADHDの両方の特徴をもつ方もいます。実際、ASD患者の中でADHDを併存する者は68・1%（Magnúsdóttir et al., 2016）と高率であるという報告もあり、診断名がASDやADHDのみだからと言って、そのどちらかを考えるというよりも、未診断であってもASD特性やADHD特性の度合いがどの程度あるのかという観点をもちながらアスリートと接することで、その方の情報処理様式や特性に適した指導や配慮を行うことができるのではないでしょうか。

まとめ

本章では、おっちょこちょいの正哉君とこだわりが強い春奈さんを例として挙げながら、発達障がい傾向のあるアスリートの状態像と関わり方について取り扱いました。もちろん、この

2人はあくまで例であって、ＡＤＨＤあるいはＡＳＤという診断名がついていたとしても、個性や特徴は人によって異なります。関わる際に大切な事は、すぐに正論を伝えて本人を変えようとすることではなく、まずはなぜ今の困り事が維持しているのかをある程度理解するまで、整理しながらしっかりと話を聴いてあげることです。そうすることで本人達も自己理解が促進されますし、自分で悪循環に気づけば、自ら改善方法を考えていくことも出来ます。

共生社会と言われる世間の中で、これからは精神科医やカウンセラーなどの専門家だけでなく、スポーツ領域でもコーチ、チームメイト、先輩・後輩、また友人などとして非専門家が発達障がい特性をもつ方との接し方を身につけることが大切になっていくのではないでしょうか。もし、接し方のコツや知識を周囲の方々が身につけていれば、正哉君も春奈さんも、もう少しストレスが少ない生活ができたかもしれませんし、もっと充実したスポーツ生活を送れたのかもしれません。

【引用文献】

Alosco, M., Fedor, A., & Gunstad, J. (2014) Attention deficit hyperactivity disorder as a risk factor for concussions in NCAA division-I athletes. Brain Injury, 28, (4), 472-474.

Fayyad, J., de Graaf, R., Kessler, R., Alonso, J., Angermeyer, M., Demyttenaere, K., de Girolamo, G., Haro, J. M., Karam, E. G., Lara, C., Lépine, J. -P., Ormel, J., Posada-Villa, J., Zaslavsky, A. M., & Jin, R. (2007) Cross-national prevalence and correlates of adult attention-deficit hyperactivity disorder. British Journal of Psychiatry, 190, 402-409.

Gjervan, B., Torgersen, T., Nordahl, H. M., & Rasmussen, K.（2012） Functional impairments and occupational outcome in adults with ADHD. Journal of Attention Disorders, 16, 544-552.

Iverson, G., Wojtowicz, M., Brooks, B., Maxwell, B., Atkins, J., Zafonte, R., & Berkner, P.（2016） High school athletes with ADHD and learning difficulties have a greater lifetime concussion history. Journal of Attention Disorders, 1087054716657410.

金澤潤一郎・榎本恭介・鈴木郁弥・荒井弘和（2019） 大学生アスリートの注意欠如・多動症状と脳震盪の関連 心身医学、59、47-51

金澤潤一郎・岡島義・坂野雄二（2015） 成人期のADHD患者の補償方略および気分状態と機能障害との関連 ストレスマネジメント研究、11、20-30

Magnúsdóttir, K. et al.（2016） The impact of attention deficit/hyperactivity disorder on adaptive functioning in children diagnosed late with autism spectrum disorder: A comparative analysis. Research in Autism Spectrum Disorders, 23, 28-35.

McCrory, P. et al.（2017） Consensus statement on concussion in sport—the 5th international conference on concussion in sport held in Berlin, October 2016. British Journal of Sports Medicine, 51, 838-847.

長田有里子・金澤潤一郎（2019） 大学生の自閉スペクトラム症傾向と被援助志向性と精神的健康の関連――メンタルヘルスリテラシーと感情コンピテンスを介した検討――日本認知行動療法学会大会抄録集、44、240-241

第11章 自国開催の心理

——過去3大会の研究、そして東京2020大会に向けて

立谷泰久
国立スポーツ科学センター

1 はじめに

２０１３年9月8日は、忘れられない歴史的な日となりました。この日（日本時間の早朝）は、アルゼンチンのブエノスアイレスで行われていた国際オリンピック委員会（International Olympic Committee：IOC）の総会で、ジャック・ロゲＩＯＣ会長（当時）が「ＴＯＫＹＯ！」と言った日です。そうです、この日は２０２０年のオリンピック・パラリンピックの開催都市が東京に決定した日なのです。１９６４年以来、実に56年ぶりに夏のオリンピック・パラリンピックが開催されることが決まりました。このニュースは、号外（写真）が出るほどの大きな出来事で、日本中が歓喜に包まれました。筆者もこの決定の瞬間を自宅のテレビで見ていて、大変な喜びを感じていました。しかし、喜びと興奮は束の間で、「浮かれてばかりはいられない。アスリートの心理状態はどのようになっていくのだろう…。自分たちには何ができるのかを考えないと…」と様々な思いがよぎったことを覚えています。

日本経済新聞

20年五輪 東京で

56年ぶり2度目

決選投票で圧勝

五輪特報

9月8日

日本の総力戦実る

財政・運営力に高評価

「世界中に感謝」

2020年オリンピック・パラリンピック開催決定を伝える特報（2013年9月8日）

それから数ヶ月後、オリンピック・パラリンピック選手の競技力向上の支援と研究を行っている国立スポーツ科学センター(Japan Institute of Sports Sciences：JISS)では、「2020東京オリンピック・パラリンピックに向けてどのような支援や研究ができるのか?」ということを研究者・職員・スタッフで、分野を問わず議論しました。その中の一つとして挙げられたのが、自国開催大会の心理面の対策でした。これが出たのは、我々スポーツ心理学を専門にしている者からではなく、ほかの分野の人からでした。我々からすれば、自国開催のプレッシャーというのは当然重要な問題だと思いますが、ほかの分野の人から出たということは、一般的な視点としても重要なことであると再認識させられ、大変勉強になりました。その後、我々は東京2020大会に向けたJISS特別プロジェクト研究の一つとして自国開催大会の心理面の対策の研究（後述）を立ち上げました。

2　ホームアドバンテージとホームディスアドバンテージ

この研究を行うにあたり、「ホームアドバンテージ／ホームディスアドバンテージ」というキーワードで、文献検索を行いました。この言葉の背景には何があるのか、自国と他国開催大会で競技成績は違うのかなどという点で調べました。いくつかの文献を紹介しますと、個人競技でホームアドバンテージが見られたという報告（Carron, 1998）があったり、競技によってホームアドバンテージの有無に違いが見られるという研究（Jones, 2013）もありました。また、施設などの環境面への適応の容易さ、移動距離の優位性などが競技パフォーマンスに大きな影響を及ぼすと主張したもの（Bray & Widmeyer, 2000）もありました。そして、日本開催のオリンピック・パラリンピックでの金メダル獲得率を見ると、自国開催の金メダル獲得率は最大というデータもあります。一方で、ホームディスアドバンテージでは、米国のMLBやNBAの試合で、ホームチームのパフォーマンスが低下するという現象が見られる研究（Baumeister & Steinhilber, 1984）もありました。

さらに筆者が、実際にあるプロ選手に聞いた話を紹介します。その競技は、「ホーム&アウェー」方式のリーグ戦を取り入れています。たとえば、年間40試合あると、20試合はホーム、残りの20試合はアウェーということになります。ある時、その選手が「うちのチームは、ホームで勝てないんです。負けも少ないのですが、引き分けが多いんです」と話すのです。「それはどうしてですか？」と尋ねると、「ホームゲームって、勝って当たり前っていう雰囲気なんです。だから、相手チームからすれば、アウェーでは引き分けでいいって思っているんです。でも、こっちはホームでは勝たないという空気に包まれるんです」と話しました。つまり、戦う前からホームとアウェーでは、意識（心理面）の違いがあり、戦い方にも影響を及ぼしているということが分かりました。

3　過去の3つの自国大会のオリンピック・パラリンピックでのスポーツ医・科学研究と支援

日本は、これまで3回の自国開催大会のオリンピック・パラリンピックを経験しています。1964年東京（夏季）、1972年札幌（冬季、パラリンピックは未開催）、1998年長野（冬季）です。それぞれの大会において、日本体育協会（当時）や日本オリンピック委員会（JOC）が予算を出し、スポーツ医・科学の支援や研究が行われ、心理面の対策も取られていました。このような大きなプロジェクトとして支援や研究が行われたのは、まさに「自国開催大

表１　根性養成の方法（筆者抜粋、一部修正）

① はっきりとした具体的な目標をもたせる。根性は目標実現への強い意志であり、明確な目標をもたせることがまず第一に必要である。
② ハードトレーニングで極限状態に追いこむ。計画したことは、どのように条件が変化しても予定通りに実行する。
③ 他の分野の一流人の物の考え方，苦心談などをきいたり、かつての一流選手の練習法や生活との関連における悩みとその解決法などをきいたりする。
④ 座禅や自律訓練法などによって、精神集中を図ったり、精神の安定を確立したりする。
⑤ ④の方法とも関連するが、精神的不安や焦りなどを除去し、緊張を解消させるために、心理療法的リラクゼーションの場を設ける必要がある。

会」だからと言えます。

１９６４年東京大会に向けての心理面の対策では、「あがりの研究――中間報告（質問紙法による研究）」や「射撃選手の精神統一のための自律訓練法及び漸進的解緊法に関する報告」などが行われました。また、根性養成の方法（表１）が考えられ（日本体育協会、1965）、射撃選手へのカウンセリングなども行われていました。ここでは、「あがり」というのが一つの大きなキーワードでした。また表１の根性養成の方法は、50数年経った現在でも、メンタルトレーニングの基本と大きくは変わらず、現代でも十分通用するものと言えると思います。

次に、１９７２年札幌大会に向けての心理面の対策（日本体育協会、1972）では、「あがり」に関する基礎的研究、「札幌オリンピック・スキージャンプ選手の強化法に関する調査研究――主としてスキージャンプ競技における心理的コンディションの調整」などが行われ、フィギュア・スケートでは心理テスト、ボブスレーは精神心理的特性について研究されていました。ここでも「あがり」がキーワードであり、また種目に特化したサポートも特徴的でした。

そして、1998年長野大会に向けての心理面の対策（日本オリンピック委員会スポーツ医・科学研究報告、1996：日本オリンピック委員会スポーツ医・科学研究報告、1997）では、リュージュ、フィギュアスケート、スキー競技（ジャンプ、アルペン）、ボブスレーの心理サポート、「指導者のストレス」「マスコミのオリンピック選手に及ぼす影響」などが行われていました。この長野大会では、種目に特化したことと、「指導者」や「マスコミ（メディア）」のことが取り上げられたのが特徴と言えるでしょう。

4　海外の自国開催大会でのこと

筆者は、2008年北京オリンピックを視察する機会を得ました。いくつかの競技を観戦し、その中には日本チームが金メダルを獲得したその現場にいるという大変素晴らしい体験もありました。また、オリンピックが開かれているという高揚感に包まれた街の雰囲気を感じることができ、こちらも非常に貴重な経験ができました。北京オリンピック終了後、China Institute of Sport Sciences（ＣＩＳＳ）と北京体育大学を訪問する機会を得ました。ＣＩＳＳには、以前から知り合いの米国オリンピック委員会（ＵＳＯＣ）のスポーツ心理学者のDr. Peterと共に訪問し、ＣＩＳＳのスポーツ心理学者とミーティングを行いました。そのミーティングで、Dr. PeterがＣＩＳＳのスポーツ心理学者に、「オリンピックのホスト国として、応援や期待などのプレッシャーがあったと思うが、何か対策をしましたか？」という質問をしました。すると、「まずは、ホスト国としての有利な点と不利な点の分析をし、それに対する対策を行いました。たとえば、シミュレーションとして、イメージトレーニングを行ったり、リラックスの方法を選手に教えました。また、選手や指導者のメンタルヘルスにも注意を払いました」と述べたことが印象的でした。

　また、その後に訪問した北京体育大学では、副学長にお会いすることができ、話を聞く機会がありました。この副学長は、「今回の北京オリンピックで、中国は51個の金メダルを獲得しました。しかし、それを冷静に分析する必要があります。たとえば、中国が金メダルを獲得したオリンピック種目を、『記録系』と『採点系（柔道などの審判による判定も含む）』に分けて分析すると、51個の金メダルのうち『採点系（柔道などの審判による判定も含む）』のものが48個と圧倒的に多かったのです。このことをしっかりと受け止めるべきだと思います」と冷静に語りました。つまり、ホームアドバンテージが大いにあったという認識だと思います（※金メダルの数は当時。その後ドーピング違反により、金メダルの剥奪があった）。

さらに、2016年リオデジャネイロ・オリンピックにおける「自国開催のプレッシャー」について聞く機会を得ました。2019年の日本スポーツ振興センター（JSC）主催のハイパフォーマンススポーツカンファレンス（HPSC）では、元ブラジルオリンピック委員会のグスタボ・ハラダ氏をお招きし、「自国開催のプレッシャーを克服する——研究成果と実際の対策」というタイトルでシンポジウムを開催することができました。グスタボ・ハラダ氏と筆者は、シンポジストとして登壇し、2016年のリオデジャネイロ・オリンピックで起きたこと、そして、東京2020大会を迎える我々が行っていること（JISS特別プロジェクト研究）について発表しました。

グスタボ・ハラダ氏は、2016年リオデジャネイロ・オリンピックの時、ブラジル国内で起きた、ホームディスアドバンテージの事例を話しました。その象徴的な出来事として、ブラジルのバレーボール女子代表チームの話がありました。この代表チームは、近年の活躍・ランキングの高さから「金メダル確実」と言われていましたが、5位で終わってしまいました。そのことについてグスタボ・ハラダ氏は、「国民の期待が大きく、ホームのプレッシャーが大きかった。その準備が十分でなかった」と話しました。またオリンピック代表選手の中には、自国開催によってスポンサーが増加し、「自信過剰になってしまった選手」がいたり、マス・メディアやソーシャル・メディア（SNS）が急増し、「過剰なプレッシャーを感じてしまった選手」がいたと述べていました。このようなことについては、グスタボ・ハラダ氏は、「メディア・ハラスメント」という言葉で表現し、ブラジルでは、メディアの影響がそれほど大きかったと強く感じました。また、本番ではアスリートのメンタル面のサポートのために、心理の専門家を配置することの重要性を主張されました。

5　JISS特別プロジェクト研究——自国開催のプレッシャー対策

我々のJISS特別プロジェクト研究は、「自国開催オリンピック・パラリンピックにおける実力発揮を促進する心理的要因の検討」というタイトルで始めました（佐々木ほか、2019；鈴木ほか、2018）。「自国で開催されたオリンピック・パラリンピックにおいて、どのような心理状態で戦ったのかを経験者（元アスリート）に聞き、それを東京2020大会に出場する選手に伝えよう」とインタビュー調査を行いました。対象者は、1964年の東京大会に出場した方、1998年の長野大会に出場した方を主に、また自国（日本）で開催された世界選手権（その種目では最高峰の大会）に出場した方も対象に、合計13名の元アスリートにインタビュー調査を行いました。その13名を、自国開催の大会で実力を発揮できなかった群（3名）と発揮できた群（10名）に分けて分析を行いました（実力を発揮できなかった／できたかは本人の主観）。分析は、試合の当日までにどのようなことが起こり、そして試合ではどのような気持ちで戦ったのかという一連の流れを伺い、複数あるデータ（逐語）を6名の研究員で分類し、まとめ、その一連の流れ（心理的プロセス）を示しました。それが図1と図2です。

図1の実力を発揮できなかった群を見ますと、最初の起点となるのは、「自国開催による盛り上がり」です。その内容としては「〝関係者〟の多さ」「応援の多さ」「メディアの多さ」ということが挙がりました。そして、そこから「社会的責任の認知」や「義務感」を感じ、「できなさ」「柔軟性のなさ」「いらだち」といった心理状態につながっていきます。その後、解決策が見つからないため負のスパイラルとなり、そこから抜け出せず、不安や重圧（プレッシャー）を感じたまま当日を迎え試合に臨み、実力が発揮できずに終わってしまいました。

一方の図2の実力発揮できた群は、「応援の多さ」「メディアの多さ」は図1と同じです。また、「使命感」や「周囲からのプレッシャー」を感じ、「動揺」や「切迫感」という状況になるというのも実力不発揮と同じです。しかし、実力発揮した群は、ここで「ふりかえり」をします。「ふりかえり」とは、自分の練習日誌などを見返したり、またこれまで行ってきた練習やトレーニング、そしてオリンピック・パラリンピックへの準備を思い起こし、「自分は、これだけのことをやってきたんだ」ということを思い返すことです。それを行うと、次に「開き直り」の心境になります。その後は、自分への集中ができて、実力発揮につながったのです。

つまり、実力不発揮（図1）も実力発揮（図2）も、最初の起点となるのは、「自国開催の盛り上がりによる応援の多さ、メディアの多さ」があり、それらの影響によって負の心の状態になることも同じなのですが、その後に違いが現れたということがわかりました。

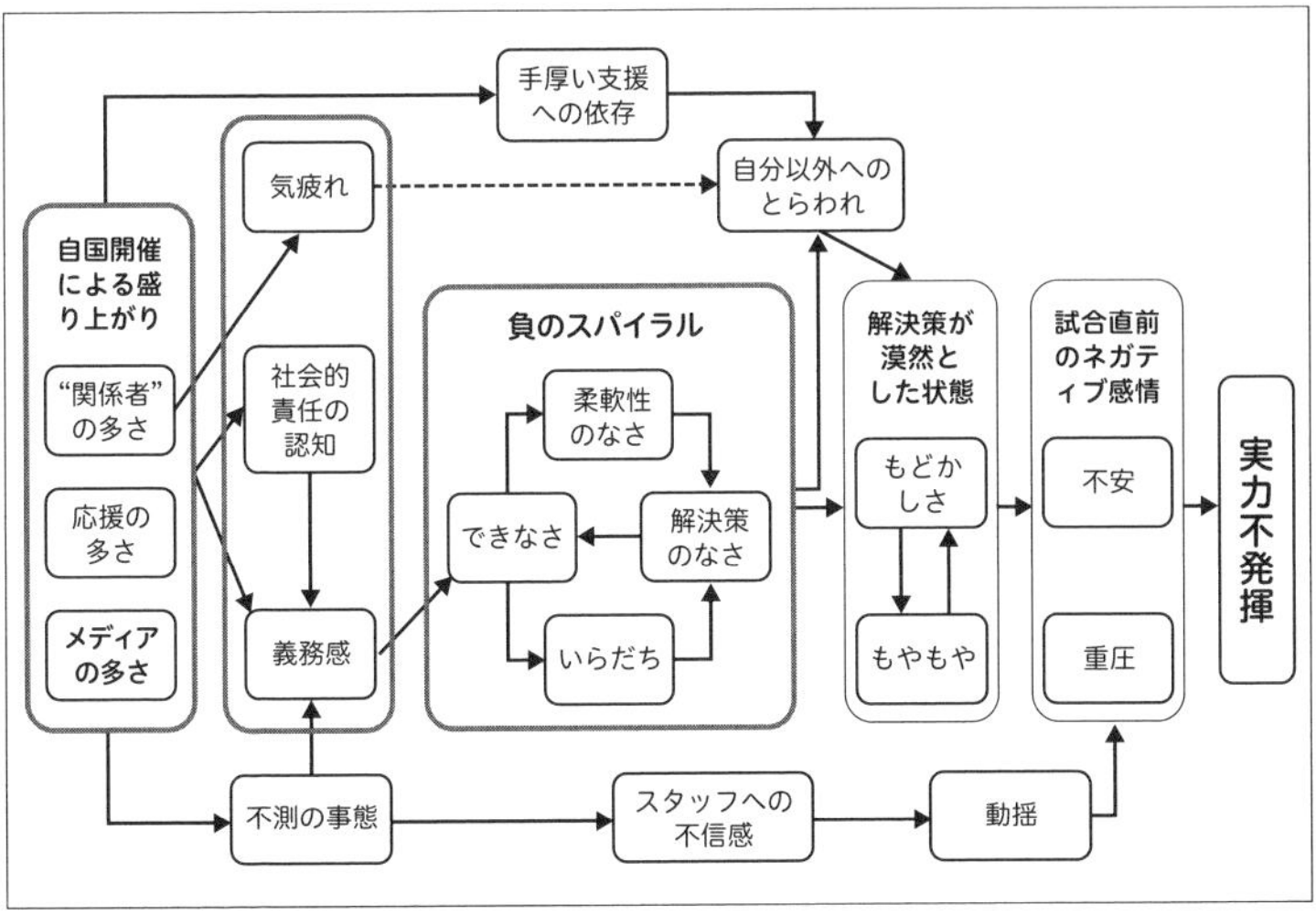

図1　自国開催大会での『実力不発揮』の心理的プロセス（3名）

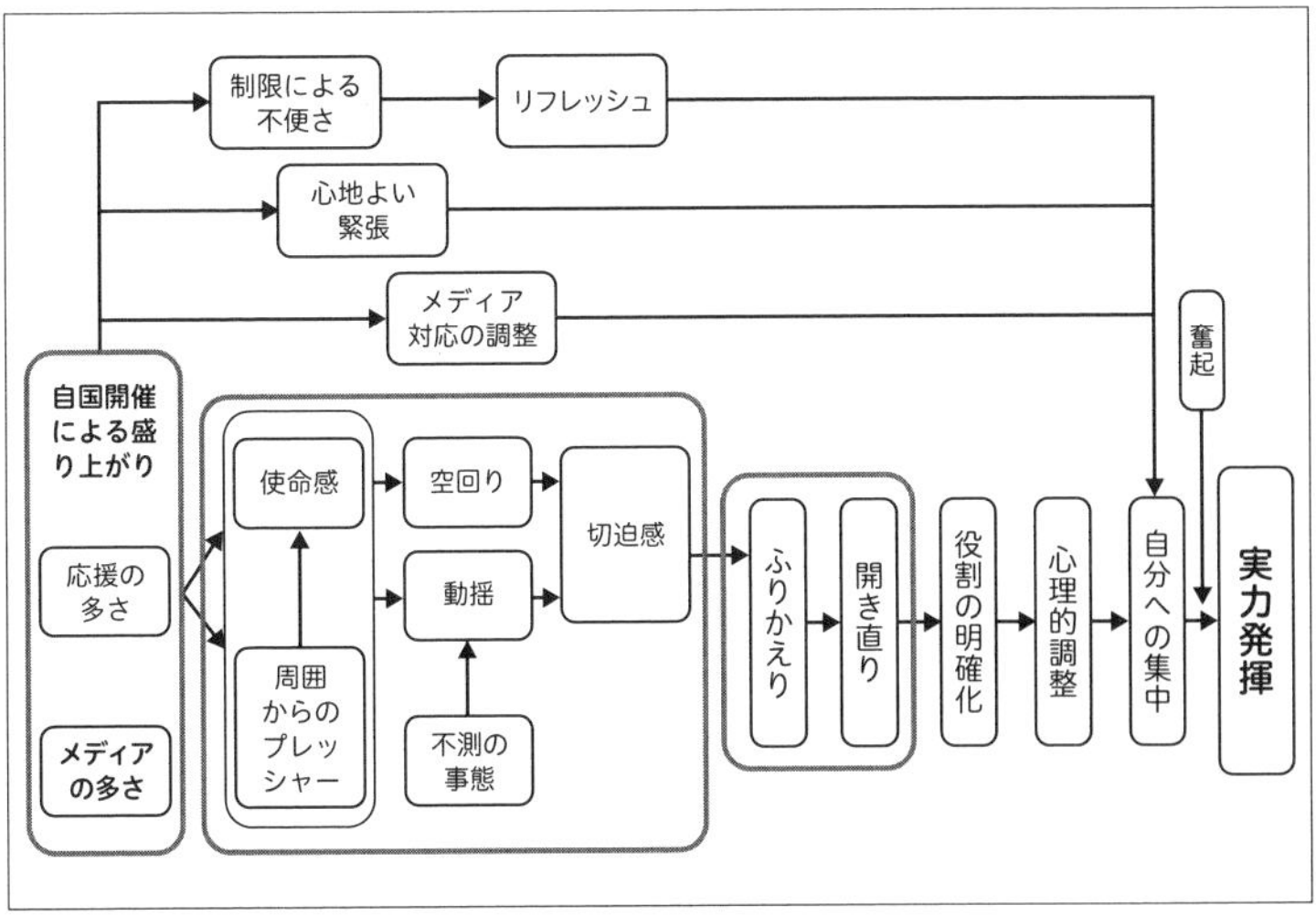

図2　自国開催大会での『実力発揮』の心理的プロセス（10名）

6　自国開催大会における「試合当日の心境」

ここでインタビューをした方の実際のデータを紹介します。Aさんは自国開催のオリンピックを迎える数年前から素晴らしい活躍をし、自国開催のオリンピックでは金メダルの獲得が期待されて本番を迎えました。そして、その試合当日の心境を次のように語ってくださいました。

（※この競技は試技が2回行われます。なお本データの掲載については、ご本人から許可をいただいております）

(1)会場にいる全ての人が金メダルを獲らせるためにいる

「みんな、そのために動いているんですよ。金メダルのために。日本で行われたために、何から何までいつもお世話になった人が競技場にいるんですよ。そういう人たち一人一人が、俺に何かできないだろうかと。みんながそういう思いをもって、競技場にいるわけですね。整備の方や、トレーナーから何から、マスコミも含めてですね。とにかくみんなが。金メダルとってほしいっていう思いが、すごい伝わってきましたよ」

(2)一回目の失敗

「選手はみんなよく言いますけど、自分のパフォーマンスをしようと。まったくそのとおりですね。欲が出るんですよ。アスリートですから。もっと良いものが出るんじゃないかって。もっと飛べるんじゃないかって。それが、技術を狂わせます。簡単に言ったら力みとか。力が入ったねって。欲望をコントロールできなくなるんですよね。それを何とか抑えるために、自分のパフォーマンスをしますっていうわけですね。力まず、緩まずっていう。でも、もっと力を発揮したいっていう欲があったもんですから。それだったと思います」

(3)二回目の心境

「やっぱり強度のプレッシャーがありましたよね。一人だけプレッシャーを感じているわけですよ。4年前のこともあるし。また1回目、こういう同じ状況になってしまって、このまま終わってしまったら重大なことになるぞ、というプレッシャーを感じているわけですよね。そこへ戻っていったわけですよね。4年前の失敗の日と」「いろんなことがプレッシャーなわけですよね。それが、力になったとは思いますけどね。自分を極限というところまで追い詰めてくれたプレッシャーのおかげで、自分らしい、開き直って、納得のいくパフォーマンスができたんじゃないかと思います」

〈2本目飛ぶ直前の心境は、どのようなものだったんですか？〉

「無です。無。普通は多少なりともやっぱり気を付けようとか、技術的な注意点なんかを課題として持って入るんですけど、そのときは本当に何も考えていなかったですね。日本の心といいますか、無。スッと何かの世界に入っていったのを覚えてますよ」

⑷金メダルが決まった時

「もう本当に、力が抜けて……。立ってられなくて。いろんな人に抱きかかえられたのを覚えてます」

「電光掲示板に1位って出たときの、達成感といいますか……。やったなと（笑顔）。なかなかそんな経験できませんよね、本当に」

と語ってくださいました。試合当日の現場の生々しい様子がわかり、メンタルトレーニングを専門とする我々、そして東京2020大会を迎えるアスリートのみなさんにとっても非常に有益な「声」を聞くことができました。ぜひ参考にしてみてください。

7　研究で明らかになったほかの重要なこと――「メディア」

ＪＩＳＳ特別プロジェクト研究の最大の目的は、その成果を現場に活かすことです。我々は研究成果の還元ということで、東京2020大会を目指している選手・指導者・スタッフの皆さんを対象に、研究成果の還元として「ＪＩＳＳ心理セミナー」を開催しました。このセミナーでは、研究成果（前出の図1、図2など）についてわかりやすく説明しました。そしてその後に、グループを組んで、「東京２０２０大会の時には、どのようなことが問題・課題になると思いますか？」というテーマでディスカッションを行いました。その中に出てきた大きなキーワードの一つとして、「メディア」がありました。この時は7〜8名のグループが８つできたのですが、そのうちの６つのグループから「メディア対策が必要」という意見が出され、自国開催のオリンピック・パラリンピックでは、良い面・悪い面を含めて、「メディア」が大きなキーワードであり、やはりそれだけ重要であるということがわかりました。その中の話題としては、たとえば、「メディア対策が必要。その対策をどのようにしたらいいのか」「必要な情報と遮断しなければいけない情報をうまくコントロールしていかないと」「選手の状況を、メディア側にきちんと説明した方がいいのではないか」「メディアに映らないように守っていくというよりかは、きちんと対策を取った方がいい」。また、「選手自身が自分の口で今の状況をきちんと語れること、そして叩かれても全然平気くらいになっておいたほうがいい」というような意見も聞かれ、メディア対策をしっかり行う必要性が明らかになりました。

8 東京2020大会に向けてのJISSの取り組み。そしてポスト2020の重要性

これまで説明してきた「自国開催大会のプレッシャー対策」の研究は、その後も続けています。「自国開催大会の心理面の変化」については、さらに詳細なことを聞くインタビュー調査を行い、新たなデータの収集も行いました。その後も現場への情報提供の活動として、各競技団体への研究成果の還元のため、実際に東京2020大会の時に活用していただこうとセミナーを行っています。この活動は、東京2020大会の直前まで行い、最後の最後まで、アスリート・指導者の皆さんに貢献できるようにしていきます。

自国開催のオリンピック・パラリンピックは、競技人生や競技生活を変えます。たとえば、2016年のリオデジャネイロ・オリンピックで引退しようと思っていた選手が、「2020年は東京で開催だからそこまで頑張ろう」と競技人生を伸ばすという現象が起きました。また、ジュニア世代で、まだトップレベルには達していないが、自国（東京）開催があるから、そこまでにレベルを引き上げようと、本人も指導者も2020年を目標にしているという現象も起きました。しかし、東京2020年大会を目指すアスリートの誰もが出場したいと思っていますが、その目標・夢がかなわないアスリートも必ずいます。さらに、出場することはできたが、良いパフォーマンスが発揮できず、悔しい思いをする選手もいると思います。そして、それが、

1964 年東京オリンピック、マラソン銅メダリストの円谷幸吉さん（写真提供：共同通信社）

次の２０２４年パリ大会にどのように影響するのか、というところまで考えなくてはならないと思っています。なぜなら、このようなことが影響して、選手の命が絶たれることも可能性としてあるからです。古い話になりますが、１９６４年東京大会で、１００００ｍで６位に入賞し、マラソンでは銅メダルを獲得した長距離の名ランナーの円谷幸吉選手という人がいました。今では考えられない２つの長距離レースで、素晴らしいパフォーマンスを発揮した偉大な方です。円谷幸吉選手は、１９６４年以降も１９６８年メキシコシティ大会での金メダルの獲得に向け頑張ります。しかし、ケガなどが影響して、思うようにいきませんでした。そして、１９６８年1月9日に、「もう走れません」という遺書を残し、自らの命を絶ちました。筆者は、このような悲劇を二度と起こしてならないという強い思いを持っています。それゆえに、次の2024年そしてその次までも含めた心理サポート活動が必要なのです。

9 最後に

自国開催というのは、ある意味特殊な環境です。なぜなら、オリンピック・パラリンピックのようなビッグイベントが自国で開催されるのは非常に稀なことだからです。それゆえにいつもの大会とはまったく違うのです。自国開催のオリンピック・パラリンピックでは、有利な点はたくさんあります。しかし、負の影響も小さくありません。そして、いったん、負の状況に陥るとそこから抜け出すのは、そう簡単でないのです。

アスリートが最高のパフォーマンスを発揮するためには、「いつも通り」が重要なキーワードです。普通ではない自国開催で、いかに「いつも通り」を作り上げるのか、そのことが最高のパフォーマンスを発揮するための大きな分岐点だと思っています。

【引用文献】

Baumeister, R.F., & Steinhilber, A.（1984） Paradoxical effects of supportive audiences on performance under pressure: the home field disadvantage in sports championship. Journal of Personality and Social Psychology, 47: 85-93.

Bray, S.R., & Widmeyer, W. N.（2000） Athletes' perceptions of the home advantage: an integration of perceived casual factors. Journal of Sport Behavior, 23(1): 1-10.（Bray & Widmeyer, 2006 など）

Carron, A. V., & Hausenblas, H. A. Group dynamics in sport（1998, 2nd ed.）. Fitness Information Technology.

Jones, M.B.（2013） The home advantage in individual sports: an augmented review. Psychology of Sport and Exercise, 14: 397-404.

日本体育協会（1965） １９６４年東京オリンピックスポーツ科学研究報告，日本体育協会，481-522

日本体育協会（1972） 札幌オリンピックスポーツ科学研究報告，日本体育協会

日本オリンピック委員会スポーツ医・科学研究報告（1996） No.Ⅲ 冬季種目のメンタルマネジメントに関する研究――第１報

日本オリンピック委員会スポーツ医・科学研究報告（1997） No.Ⅲ 冬季種目のメンタルマネジメントに関する研究――第２報

佐々木丈予・福井邦宗・鈴木敦・米丸健太・奥野真由・立谷泰久（2019） 自国開催の国際大会における実力発揮に至る心理的過程の質的研究，Journal of High Performance Sport, 4, 79-93

鈴木敦・米丸健太・佐々木丈予・福井邦宗・奥野真由・立谷泰久（2018） 自国開催の国際大会における実力不発揮の心理的プロセスの検討，Sports Science in Elite Athlete Support, 3, 1-13

終章　アスリートの行く末
――スポーツ心理学からの提言

荒井弘和
法政大学

序章で少し触れましたが、終章では、アスリートのメンタルを考えるうえで、私が最も重要と考えている「価値」について触れさせてください。

1　アスリートが持っている価値

2019年に日本で開催されたラグビーワールドカップにおいて、ラグビー日本代表のスローガンは、「ONE TEAM」でした。これは、出身国の異なる選手たちが、ひとつのチームとして戦うことを表現しています。このONE TEAMは、まさに彼らの価値です。日本代表チームは、ONE TEAMを体現して、ベスト8という史上最高の成績を収めました。しかし、たとえ優勝したとしても、「ONE TEAM」を実現できなければ、彼らは手放しでは喜ばなかったのだろうと思います。

私たちにとっての「ONE TEAM」、つまり価値は何なのでしょうか。ここでいう価値とは、一般に「哲学」や「ポリシー」と呼ばれるものです。吉岡（2006）を参照して価値を説明すると、「個人に人生の全般的な目標を提供し、その目標に向けた一貫性のある行動を導くルール」となります。森田ほか（2019）の言葉を借りれば、競技スポーツは「勝利の追求」「勝利から遠ざかる行為」の両方から成立していますが、勝利至上主義も、スポーツマンシップ（スポーツパーソンシップ）も、価値のひとつです。

アスリートは、「勝つ」「全力を尽くす」「フェアプレイをする」「感謝を忘れない」「勇気をもって戦う」といった価値を持っていると予想されます。これ以外の価値を持っているアスリートも多くいるでしょう。最近では、「アスリートセンタード」（アスリートファースト）という言葉がよく使われますが、この考え方を実現しようとすれば、おのずとアスリート自身が持っている価値に注目せねばなりません。

スポーツ場面では従来、コーチが価値を明示してきました。しかし最近では、ハラスメントを行ってはならないという強烈なプレッシャーや、多様性が重視される風土が強まったことで、コーチが価値を明示することが難しくなっているようです。アスリートにとっては、コーチから特定の価値を強制される機会が減ったことは好ましい場合もあるかもしれませんが、価値に触れる機会が減ったということは、アスリートが自らの価値について考える機会が減ったともいえそうです。そもそも、競技経験の浅いアスリートに、価値を明確にせよと求めても、それは無理な話です。そこでアスリートは、アントラージュと価値について対話する機会を持つ必要があると考えます。

価値は、アスリートだけでなく、コーチにとっても重要なものです。佐良土（2018）は、個々のコーチが自らのコーチング哲学を発展させる具体的な方法を明らかにすることが課題であると指摘しています。

また、序章でPGTという考え方を紹介しましたが、PGTを経験したという実感は、その人らしさを形作ります（宅、2014）。そして、PGTを経験することで、価値や信念が成熟します（宅、2016）。PGTも価値を含む概念なのです。

価値は、よく北極星にたとえられます。そこを目指すけれども、それが手に入ることはないという比喩です。永遠に手が届かない、でも、それを目指したい…それが価値なのでしょう。三田村（2017）の言葉を借りれば、どんな生き方をしたいのか、その基準を価値として設定することで、自分自身で自由に選んだ選択的保持の基準に沿って行動することができるのです。

2 スピリチュアリティ

世界保健機関（World Health Organization: WHO, 2019）は、「健康とは、肉体的、精神的及び社会的に完全に良好な状態であり、単に疾病又は病弱の存在しないことではない」（訳は厚生労働省、2014）とされていますが、健康の４つめの側面として、「スピリチュアリティ」が注目されています（Chirico, 2016; Dhar et al., 2013）。スピリチュアリティというと、即座に宗教的なものであると考える方もいますが、スピリチュアリティ、信念、宗教は同一ではないといわれます（Chirico, 2016）。坂入（2019）によれば、スピリチュアリティを、単に「超越的な存在や本質的な自己を体感する機能」と捉えて、「その体験を通して自己の価値や人生の意味がもたらされる」と分割して考えることで、多様な領域でスピリチュアリティという考え方を活用できます。病気に患っている状態からの回復を目指すのでなく、積極的な健康状態を目指す場合には、何がよいのかという価値基準を設ける必要があるため、スピリチュアリティが注目されています（坂入、2019）。つまり、スピリチュアリティは価値と関連します。

海外では、アスリートとスピリチュアリティとの関連が研究され始めています。Noh & Shahdan（2020）は、宗教やスピリチュアリティは見逃されがちな要素であるものの、アスリートのパフォーマンスの向上と関連するといいます。わが国のスポーツ心理学で行われている研究としては、負傷したアスリートが体験する痛みについて三輪・中込（2004）があります。この研究では、負傷したアスリートが感じる痛みには、4つの側面があることを示しています。それは、（1）身体症状などの身体的な痛み、（2）ケガによる不安や焦りといった心理的な痛み、（3）自分のケガを理解してくれる人がいないといった社会的な痛み、そして、（4）競技を続けることの意味を失ったり、アスリートとしての自分という存在が揺らいだりするといったスピリチュアルな痛みです。負傷したアスリートは、単に身体の痛みだけを抱えているわけではなく、心理的な痛みとその背景にある社会的な痛み、そして、さらに大きなスピリチュアルな痛みによって、深い苦しさを感じていることが想像できます。

スポーツ領域ではありませんが、2007年に設立された日本スピリチュアル学会は、2012年より「スピリチュアルケア師」を認定しています（http://www.spiritualcare.jp/qualification/［2020年3月閲覧］）。また、日本「祈りと救いとこころ」学会が2014年に設立され、特定宗教に偏らない宗教的視点を採り入れた活動を行っています（榎本、2015）。さらに、東日本大震災をきっかけとして2016年に設立された日本臨床宗教師会は、特定の宗教宗派に偏らずに「臨床宗教師」を認定しています（島薗、2017）。スポーツの世界にも、こういったスピリチュアリティにアプローチする専門家が参入する時代が来るかもしれません。たとえば、英国サッカーのプレミアリーグで活動するスポーツ心理学者3名とスポーツ牧師（sport chaplain）4名を対象とした実践も行われています（Gamble, 2012）。この研究では、スポーツ心理学者はパフォーマンスの向上に焦点を当てて活動し、スポーツ牧師は主にスピリチュアルケアを提供していました。そして、スポーツ心理学者とスポーツ牧師が協働する可能性や、コーチなどのスタッフとより効果的に協働する方法を探求するための研究が必要とされています。

3　武道的な価値

野球の日本代表は侍ジャパン、サッカーの日本代表はサムライブルーと呼ばれるなど、侍という存在が、私たちの心を捉えるものであることは間違いないでしょう。このように、わが国には、武士道・武道といった価値が長く根づいていると思います。私はここに、わが国のアスリートやコーチが自らの価値を考える際のヒントがあるような気がしてなりません。わが国では、欧米などと比較すると、特定の宗教を信仰している人は少ないといわれますが、新渡戸稲造がBushido（1908,『武士道』1938）で述べたように、他国において道徳を教える宗教の代わりに、わが国では武士道が道徳を教えてきた歴史を振り返れば、わが国の宗教ともいえる武士道や武道とアスリートとの関係性を探究すべきではないでしょうか。

新渡戸（1908, 1938）によると、武士道とは、「武士がその職業においてまた日常生活において守るべき道」であり、「武士の掟」です。または「武人階級の身分に伴う義務」ともいえます。それでは、武道とはどのような意味なのでしょうか。日本武道協議会（2014）は、武道を以下のように定義しています。

「武道は、武士道の伝統に由来する日本で体系化された武技の修錬による心技一如の運動文化で、心技体を一体として鍛え、人格を磨き、道徳心を高め、礼節を尊重する態度を養う、人間形成の道であり、柔道、剣道、弓道、相撲、空手道、合気道、少林寺拳法、なぎなた、銃剣道の総称を言う。」

つまり、武道は技術論や身体論にとどまらず、価値を含んだ概念であることがわかります。ベネット（2012）によれば、今や、欧米やオセアニアにおけるキリスト教離れや教会離れに伴って、武道に精神的な充足感を求める人が増えてきているそうです。そして、新しい心の拠り所として選ぶものの一つが武道であり、その哲学的な支柱が武士道であると述べています。

現代でも、わが国で生まれた武道文化が、世界に伝播され続けている様子がうかがわれます。柔道の創始者である嘉納治五郎が国際オリンピック委員会の委員就任の要請を受けたのは、ただオリンピズムに迎合するのではなく、武道からオリンピックの世界に積極的な働きかけをしようと考えていたためと言われています（田原、2008）。時代はますます、嘉納の考えを要請しているように思えます。

わが国において、戦うという文化のルーツは武道といえます。日本武道傳骨法會の堀辺師範は、武道の精神こそ最大の知性であると強調しています（堀辺、1998）。私たちは武道的な価値を探究することで、ひいては、わが国のアスリートをいっそう広く・深く支えることができるのではないかと感じています。

4　さいごに：ポスト2020のメンタルサポート（メンタルサポート3・0）

私は、これからのアスリートやコーチに求められるメンタルサポートを「メンタルサポート3・0」と呼んでいます。これは、経営学の泰斗であるフィリップ・コトラーの「マーケティング3・0」にならって名づけました。コトラーほか（2010, 2017）に基づいて説明すると、環境の変化によって生み出されたマーケティング3・0では、顧客（消費者）を単なる購買者としてではなく、マインドとハートと精神（スピリット）を備えた全人的な存在として捉えるべきといわれます。マーケティング3・0とは価値主導のマーケティングであり、価値主導のマーケティングとは、消費者を全人的な存在として扱うことを意味します。そして、マーケティング3・0とは、企業のミッションやビジョンや価値に組み込まれた意味をマーケティングすることです。マーケティング3・0は「協働マーケティング」「文化マーケティング」「スピリチュアル・マーケティング」の融合です（コトラーほか、2010）。

仮に現在、メンタルサポート3・0というものが求められているとするならば、メンタルサポートの専門家は、アスリートを全人的な存在と捉えて、メンタルサポートに従事すべきと考えます。そのために、メンタルサポートを担う私たち専門家は、アスリートだけでなく、様々なアントラージュと対話を重ね、スポーツ心理学にとどまらない、様々な学びを深めなければならないと考えています。

そして、マーケティング3・0をメンタルサポートに置き換えれば、メンタルサポートを行う専門家自身も、自分の価値を明確にしておく必要があります。もちろん、価値の押しつけは許されません。ただし、神村（2008）は、生活上の機能や現実検討能力がある程度維持されている援助対象者には、哲学的な価値観をカウンセリングに含めることで、対象者のたくましさを引き出すことに成功する場合は少なくないといいます。そもそも、アスリートの価値を明確にするサポートを行うのであれば、メンタルサポートの専門家自身も自らの価値と向き合い、自らの価値を明確にせざるを得ません。自らの価値を明確にしたメンタルサポートの専門家だけが、アスリートに選ばれる時代が訪れているように思います。

異なる価値を持つ者が対話し、価値と価値が共鳴しあって、新たな価値が創造されてゆく。スポーツはそのための良い題材になるはずです。このようなサポートを行ったとき、メンタルサポートの専門家は、アスリートが豊かな人生を送るためのサポートを実現できるはずです。私自身も、そのようなサポートを行えるように、日々自省しています。

あらためて、アスリートのメンタルは強いのか？

あらためて、皆さんにうかがいます。「アスリートのメンタルは強いのか？」という本書のタイトル、皆さんはどのように考えますか？

「アスリートのメンタルは強い」。胸を張ってそういえるように、皆さんとともに、アスリートを見守り、アスリートを支えてゆきたいと考えています。

【参考文献】

ベネット・A（2012）武道のグローバルな展開に向けて、国際武道大学附属武道スポーツ科学研究所（著）、グローバル時代の武道――比較文化論的考察とグローバル化に向けての課題、国際武道大学 武道・スポーツ研究所、pp.199-224

Chirico, F.（2016）Spiritual well-being in the 21st century: its time to review the current WHO's health definition. Journal of Health and Social Sciences, 1, 11-16.

Dhar, N., Chaturvedi, S.K., & Nandan D.（2013）Spiritual health, the fourth dimension: a public health perspective. WHO South-East Asia J Public Health, 2, 3-5.

Gamble, R., Hill, D. M., & Parker, A. (2012) Revs and Psychos: Role, Impact and Interaction of Sport Chaplains and Sport Psychologists within English Premiership Soccer. Journal of Applied Sport Psychology, 25 (2), 249-264.

榎本稔（2015）創立記念大会開催にあたって 祈りと救いの臨床、1, 4

堀辺正史（1998）骨法の完成――時代を超える最強の未来武道誕生、二見書房

神村栄一（2008）論理的情動行動療法、内山喜久雄・坂野雄二（編）、認知行動療法の技法と臨床、日本評論社、pp. 27-35

コトラー・P、カルタジャヤ・H、セティアワン・I（2010）コトラーのマーケティング3・0――ソーシャル・メディア時代の新法則、朝日新聞出版

コトラー・P、カルタジャヤ・H、セティアワン・I（2017）コトラーのマーケティング4・0――スマートフォン時代の究極法則、朝日新聞出版

三田村仰（2017）はじめてまなぶ行動療法、金剛出版

三輪沙都子・中込四郎（2004）負傷競技者の体験する〝痛み〟の事例的研究――Total Pain 概念による事例の分析を通して、スポーツ心理学研究、31, 43-54

森田啓・荒牧亜衣・植木陽治・深澤浩洋（2019）「批判的思考力」育成をめざした体育・スポーツ哲学の授業に関する研究：具体的事例（5打席連続敬遠）から、体育学研究、64, 303-313
日本武道協議会（2014） 武道の定義 https://www.nipponbudokan.or.jp/shinkoujigyou/teigi ［２０２０年２月閲覧］
Nitobe, I.（1908） Bushido: The soul of Japan. Teibi Publishing Company
新渡戸稲造（1938） 武士道、矢内原忠雄（訳）、岩波書店
Noh, Y.-E. & Shahdan, S.（2020） A systematic review of religion/spirituality and sport: A psychological perspective. Psychology of Sport and Exercise, 46.
厚生労働省（2014） 平成26年版厚生労働白書
坂入洋右（2019） スピリチュアリティ、健康心理学事典、日本健康心理学会（編）、丸善、pp. 374-375
佐良土茂樹（2018）「コーチング哲学」の基礎づけ、体育学研究、63, 547-562
島薗進（2017） 会長挨拶、日本臨床宗教師会ニュースレター、1, 1
田原淳子（2008） オリンピックと教育――オリンピック競技大会誕生の背景とその今日的意義、体育・スポーツ科学研究、8, 7-12
宅香菜子（2019） ネガティブな体験が導く心の成長――アスリートになぜ逆境がふりかかるのか、体育の科学、69, 585-589.
宅香菜子（2016） ＰＴＧとは――20年の歴史、宅香菜子（編著）、ＰＴＧの可能性と課題、金子書房、pp.2-17
宅香菜子（2014） 悲しみから人が成長するとき――ＰＴＧ、風間書房
Tedeschi, R.G., Cann, A., Taku, K., Senol-Durak, E., & Calhoun, L.G.（2017） The Posttraumatic Growth Inventory: A revision integrating existential and spiritual change. Journal of Traumatic Stress, 30, 11-18.
World Health Organization（2019） Frequently asked questions. What is the WHO definition of health? https://www.who.int/about/who-we-are/frequently-asked-questions ［２０２０年２月閲覧］
吉岡昌子（2006） コミットメントと行動変化のプロセスにおける援助技法、武藤 崇（編著）、アクセプタンス&コミットメント・セラピーの文脈：臨床行動分析におけるマインドフルな展開、ブレーン出版、pp177-198

あとがき

荒井弘和

　このあとがきを書いている2020年3月、世界は新型コロナウイルス感染症（COVID‐19）の流行に伴って混乱の真っ只中にいます。COVID‐19に関連して亡くなった方々のご冥福を心よりお祈りするとともに、ご遺族の皆様に深く哀悼の意を表します。

　COVID‐19の影響はスポーツ界にも及んでいます。私たち一般市民のスポーツ活動には、様々な制約が課せられるようになりました。国内の様々なスポーツの試合・大会は延期・中断・中止となり、東京2020大会の代表選考の場となるはずであった国際大会が延期・中止になったケースも散見されます。そして昨日、ついに東京2020大会は1年程度延期することが決定されました。大会に出場確実といわれていたアスリートが出場できなくなることもあれば、出場できないと考えられていたアスリートに出場の可能性が出てくることもあるでしょう。一度は決まっていた出場の機会を阻まれたアスリートが、近く引退するとしていた予定を撤回し、次の挑戦の機会を目指して競技を継続することもあるかもしれません。

　選手選考における公平さとは何か？　スポーツにおける公正さとは何か？　そんな議論もわ

き起こると予想されます。COVID-19禍の経過によっては、かつてわが国が開催を断念せざるを得なかった東京1940大会・札幌1940大会のごとく無念な結末を迎える可能性もゼロとはいえません。そんな今こそ、アスリートたちのこころに何が生じるのか、私たちは注視する必要があります。

さて本書では、それぞれのテーマに専門的に取り組んでいる新進気鋭の先生方にご執筆いただきました。10年後、20年後も、わが国のスポーツ心理学を支え続けてくれているはずの先生方です。先生方には、生じている現象の解説にとどまらず、思い切ってその現象を読み解いてもらえるようお願いしました。激動の現代社会において、アスリートを守り育むためには、スポーツはどうあるべきなのか。スポーツのあるべき姿を追い求めるためには、あるべき姿を取り戻すためには何が必要か？　先生方の挑戦的な姿勢のおかげで、その問いにスポーツ心理学の立場から鋭く切り込む書籍ができあがりました。

末筆になりますが、謝辞を申し述べさせていただきます。

まず、骨法の創始師範である堀辺正史先生のお名前を挙げさせてください。私は19歳から「骨法」という武道を学んでいます。堀辺先生は生前、「最強とは、諦めないことだ」と繰り返しおっしゃっていました。このことを教えてくださった堀辺先生に感謝申し上げます。何があっても諦めない。そんなアスリートの育成に、私も貢献できたらと考えています。

そして、本書の企画をご提案くださった晶文社の安藤聡さんにお礼申し上げます。安藤さんがいらっしゃらなかったら、本書が生まれることはありませんでした。つねに私たちに寄り添ってくださった安藤さんの姿勢に敬意を表します。

最後に、本書を手に取ってくださった皆様に、満腔の謝意を表します。スポーツに取り組む子どものたちのご家族、すそ野でスポーツに関わっているコーチや審判員の方々、スポーツ観戦が趣味という方々に何度も思いを馳せながら、本書を作成しました。本書を片手に、「いや、私の意見はそうではない」「こんな考え方もできるはずだ」など、口角泡を飛ばしていただけたら幸いです。

一日も早い、COVID‐19禍の収束を願いつつ。

令和2年3月25日　荒井弘和

執筆者プロフィール

雨宮怜（あめみや・れい）
1989年生まれ。筑波大学体育系特任助教。同大学アスリートメンタルサポートルーム相談員。公認心理師、臨床心理士、認定メンタルトレーニング指導士。博士（体育科学）。「The role of mindfulness in performance and mental health among Japanese athletes」など、アスリートのメンタルヘルスの問題や、それに対する身体的アプローチの有効性に関する学術論文を執筆している。

深町花子（ふかまち・はなこ）
1990年生まれ。公益財団法人日本スポーツ協会スポーツ科学研究室研究員。早稲田大学スポーツ科学研究センター招聘研究員を兼任。早稲田大学スポーツ科学研究科博士後期課程修了。主な研究テーマは認知行動療法のアスリートへの適用や、アスリートのメンタルヘルス対策など。

鈴木敦（すずき・あつし）
1985年生まれ。法政大学スポーツ研究センター客員所員。筑波大学大学院人間総合科学研究科体育科学専攻修了。その後、国立スポーツ科学センターでトップアスリートの心理支援や研究に携わる。著書（分担執筆）に『スポーツカウンセリングの現場から』（道和書院）、『心理学と仕事13　スポーツ心理学』（北大路書房）がある。

栗林千聡（くりばやし・ちさと）
国立スポーツ科学センタースポーツメディカルセンター契約研究員。スポーツメンタルトレーニング指導士。公認心理師。臨床心理士。関西学院大学大学院文学研究科博士後期課程を修了した後、信州大学大学院教育学研究科特任講師として勤務。児童発達支援センター、クリニックにて臨床を行う。訳書（共訳）に「ガードナー臨床スポーツ心理学ハンドブック」（西村書店）がある。

梅﨑高行（うめざき・たかゆき）
1974年生まれ。早稲田大学大学院を修了（博士「人間科学」）、甲南女子大学人間科学部准教授。全国の子育て家庭の協力を得て、子どもの自己や社会性の発達に関する縦断研究を実施。著書・論文に『新・動機づけ研究の最前線』（分担執筆、北大路書房）、「スポーツ活動と動機づけ」「約束不履行に対する年中児の疑問的態度：家庭での約束事と気質の関連」などがある。

青柳健隆（あおやぎ・けんりゅう）

１９８７年生まれ。関東学院大学経済学部准教授。早稲田大学大学院スポーツ科学研究科博士後期課程修了。博士（スポーツ科学）。専門はスポーツ教育学。部活動やコーチングに関する研究に取り組む。著書（分担執筆）に『部活動の論点「これから」を考えるためのヒント』（旬報社）などがある。

内田遼介（うちだ・りょうすけ）

２０１７年大阪大学大学院人間科学研究科博士後期課程修了。博士（人間科学）。２０１８年法政大学スポーツ研究センター客員所員を経て、２０１９年流通科学大学人間社会学部専任講師として着任。現在に至る。運動部活動場面での体罰問題について、心理学の観点から研究を行っている。日本心理学会、日本スポーツ心理学会各会員。

衣笠泰介（きぬがさ・たいすけ）

１９７５年生まれ。独立行政法人 日本スポーツ振興センター主任専門職／先任研究員。筑波大学卒、クイーンズランド大学 PhD 取得。２００４年から２０１２年までシンガポールにおいてスポーツ科学者としてアスリート育成支援及び競泳の科学サポートに携わる。日本の競技スポーツの基盤を踏まえたスポーツとアスリート育成の枠組みの「日本版ＦＴＥＭ」を開発。専門は、スポーツ生理学、パスウェイ科学。

野口順子（のぐち・よりこ）

１９７６年生まれ。独立行政法人 日本スポーツ振興センター情報・国際部及び国立スポーツ科学センタースポーツ研究部所属。オーストラリア・ビクトリア大学大学院卒業・スポーツ心理学博士取得。２００８〜２０１２年「マルチサポート事業」にて柔道日本代表チーム情報戦略支援。２０１３〜２０１７年アスリートのデュアルキャリア関連調査・事業推進。２０１０年以降各国政府系スポーツ機関等との国際ネットワーク拡大・強化およびスポーツ政策情報関連業務に従事。

金澤潤一郎（かなざわ・じゅんいちろう）

１９７５年生まれ。北海道医療大学心理科学部臨床心理学科（准教授）。北海道医療大学大学院心理科学研究科博士後期課程修了（博士：臨床心理学）。公認心理師、臨床心理士。２００６年から大人の発達障がいに関する研究と臨床活動を開始。著書（分担執筆）に『大人のＡＤＨＤ臨床』（金子書房）、『成人期ＡＤＨＤ診療ガイドブック』（じほう）

などがある。

立谷泰久（たちや・やすひさ）
1970年生まれ。ハイパフォーマンススポーツセンター・国立スポーツ科学センター・先任研究員。博士（学術）東京工業大学、修士（体育学）日本体育大学。日本スポーツ心理学会認定スポーツメンタルトレーニング上級指導士。日本スポーツ心理学会理事（資格委員会委員長）。日本スポーツメンタルトレーニング指導士会会長。

編者について

荒井弘和（あらい・ひろかず）

1975年生まれ。法政大学文学部教授。日本大学文理学部卒業。早稲田大学大学院人間科学研究科博士後期課程修了。博士（人間科学）。上級スポーツメンタルトレーニング指導士。専門はスポーツ心理学。日本パラリンピック委員会 医・科学・情報サポート事業 競技団体サポートスタッフ。著書に『グッドコーチになるためのココロエ』（共編、培風館）などがある。

犀の教室
Liberal Arts Lab

アスリートのメンタルは強《つよ》いのか？
スポーツ心理学の最先端から考える

2020年4月25日　初版

編　者　荒井弘和
著　者　雨宮怜、青柳健隆、内田遼介、梅﨑高行、金澤潤一郎、衣笠泰介、栗林千聡、鈴木敦、立谷泰久、野口順子、深町花子

発行者　株式会社晶文社
東京都千代田区神田神保町1-11 〒101-0051
電　話　03-3518-4940（代表）・4942（編集）
U R L　http://www.shobunsha.co.jp

印刷・製本　株式会社太平印刷社

© Hirokazu ARAI, Rei AMEMIYA, Kenryu AOYAGI, Ryosuke UCHIDA, Takayuki UMEZAKI, Junichiro KANAZAWA, Taisuke KINUGASA, Chisato KURIBAYASHI, Atsushi SUZUKI, Yasuhisa TACHIYA, Yoriko NOGUCHI, Hanako FUKAMACHI 2020

ISBN978-4-7949-7041-1 Printed in Japan

JCOPY 〈（社）出版者著作権管理機構 委託出版物〉
本書の無断複写は著作権法上での例外を除き禁じられています。複写される場合は、そのつど事前に、（社）出版者著作権管理機構（TEL：03-3513-6969 FAX：03-3513-6979 e-mail: info@jcopy.or.jp）の許諾を得てください。

〈検印廃止〉落丁・乱丁本はお取替えいたします。

好評発売中

身体的生活　佐藤友亮

予測できないことがらや、あらかじめ正解がない問題と向き合う時、どうしたら合理的な判断ができるのか。そのよりどころとなるのが身体感覚。心理学者・チクセントミハイの「フロー理論」の解説を通じて、身体の感覚を磨き、より豊かな人生を送るための知恵を伝える思索的エッセイ。医師・合気道家である著者の経験知がつまった一冊。

こわいもの知らずの病理学講義　仲野徹

医学界騒然！ナニワの名物教授による、ボケとツッコミで学ぶ病気のしくみとその成り立ち。大阪大学医学部の人気講義「病理学総論」の内容を、「近所のおっちゃんやおばちゃん」に読ませるつもりで書き下ろしたおもしろ病理学。脱線に次ぐ脱線。しょもない雑談をかましながら病気のしくみを笑いと共に解説する知的エンターテインメント。

（あまり）病気をしない暮らし　仲野徹

「できるだけ病気にならないライフスタイル」を教わりたい、という世間様の要望に応えて、ナニワの病理学教授が書いた「（あまり）病気をしない暮らし」の本。病気とはなんだろう、といった素朴な疑問から、呼吸、食事、ダイエット、お酒、ゲノムと遺伝子、がん、感染症、そして医学や研究についての雑談まで、肩の凝らない語り口で解説。

急に具合が悪くなる　宮野真生子・磯野真穂

もし、あなたが重病に罹り、残り僅かの命と言われたら、どのように死と向き合い、人生を歩みますか？　がんの転移を経験しながら生き抜く哲学者と、臨床現場の調査を積み重ねた人類学者が、死と生、別れと出会い、そして出会いを新たな始まりに変えることを巡り、20 年の学問キャリアと互いの人生を賭けて交わした 20 通の往復書簡。

からだの教養 12 ヵ月　若林理砂

東洋医学と古武術をベースにした 12 ヵ月のメソッドで健康を保とう！　人気鍼灸師が自ら編み出した健康法を、身体の基本動作トレーニングと、季節ごとの食養生レシピ、さらにペットボトル温灸や爪楊枝鍼など〈からだの手当て〉の３本立てで紹介。続けていけば少しずつからだの痛みや不具合が消えていく、食とからだと手当てのレシピ。

運動脳をグングン鍛えるチバトレ　千葉啓史

トップアスリートができなくて悔しがる新感覚エクササイズ「チバトレ」。からだに軽いテンション（3D ストレッチ）をかけたまま、滑らかな重心移動をおこなう「からだ遊び」で、眠っていた感性が目覚める——。「やろうとしない／まったく力まない」状態＝自然体であらゆるパフォーマンスが可能になるその黄金メソッドを、図解と解説で徹底的に紹介。